Alain B. Sonyem

Richter im Nordsüdwestzentrum
Aus dem Leben eines deutsch-kamerunischen Jungen

Alain B. Sonyem

Richter im Nordsüdwestzentrum

Aus dem Leben eines deutsch-kamerunischen Jungen

Rediroma-Verlag

Bibliografische Information der Deutschen Nationalbibliothek:
Die Deutsche Nationalbibliothek verzeichnet diese Publikation in der Deutschen Nationalbibliografie; detaillierte bibliografische Daten sind im Internet über http://portal.dnb.de abrufbar.

ISBN 978-3-98885-184-0

www.rediroma-verlag.de
7,95 Euro (D)

An meine ehemaligen Gymnasialdeutschlernenden.
Besonders an Herrn Ervé Foueking, heute Deutschlehrer im Nordwesten Kameruns.
Mit bestem Dank an Bertrand Bunyo, der mir von seiner Flucht von der Ukraine nach Deutschland erzählte.

Inhalt

1 Zurück im Zentrum

Richter Song ist mein Name. Meine Mutter heißt Veronika Richter und ist Deutsche und mein Vater Bernard Song ist Kameruner. Er hat in Deutschland Ingenieurwissenschaften studiert und während des Studiums hat er sie kennengelernt, und so bin ich zur Welt gekommen. Ja, ich bin in Deutschland geboren, aber in Kamerun aufgewachsen seit meinem zweiten Lebensjahr. Alles, was mich seither mit Deutschland verbindet, ist nur meine Mutter, die auch seit einem Jahr eine Arbeitsstelle in Kamerun gefunden hat. Ich würde eigentlich nicht sagen, sie hat eine Arbeitsstelle gefunden, denn sie ist jetzt ihr eigener Boss. Mit der Erfahrung, die sie als Verkäuferin in Deutschland gesammelt hat, hat sie ein großes Interesse für das neue Trend entwickelt und ist jetzt online-Verkäuferin. Alle zwei Monate fliegt sie nach Deutschland, kauft Produkte ein, die in Kamerun fehlen, macht Bilder und Shortvideos davon, und stellt sie ganz einfach online auf ihre Geschäftswebseite. So können die Leute bestellen und Joel beschäftigt sich mit der Lieferung. Joel ist mein Cousin. Er hat ein Masterstudium in Geografie abgeschlossen und konnte keine Arbeit finden. Zum Glück wurde er von meiner Mutter angestellt. Er ist ein ehrlicher und vertrauenswürdiger Mann. Er wollte damals Pfarrer werden und hat nach dem Abitur die entsprechende Ausbildungsstätte besucht. Die Ausbildung sollte sieben Jahre dauern, aber im dritten Jahrgang wurde er krank und wurde deshalb ausgewiesen, das behauptet er. Ich weiß nicht, ob das stimmt. Wenn ja, dann wäre es sehr böse von der katholischen Kirche, denn ich finde, sie hätte ihm eher geholfen, gesund zu werden und ihn als Pfarrer gewonnen. Joel ist ein sehr guter Mann und wäre auch ein sehr guter Pfarrer gewesen.

Joel hat jetzt vor, bald zu heiraten. Was ich nicht verstehe, ist die Tatsache, dass er zugibt, seine Freundin im Gymnasium als Mitschülerin kennengelernt zu haben und sie immer geliebt hat, bevor er die Priesterschule besucht hatte. Ich weiß, dass Priester weder heiraten noch Freundinnen haben dürfen. Wieso konnte er sie immer lieben, während er eine Ausbildung zum als angehender Pfarrer machte? Könnte das der Grund sein, warum er diesen Berufszweig nicht hat verfolgen können ? Hauptsache: Joel erzählt von seiner Liebesgeschichte mit großem Spaß und schätzt sich als glücklich, bald die Liebe seines Lebens heiraten zu können. Joel ist mein Vorbild, denn er ist einer der seltensten Männer, die die Frau ihrer Schulzeit heiraten.

Seitdem Blessing mit ihrem Vater nach dem Nordwesten Kameruns umziehen musste, habe ich mich in kein anderes Mädchen mehr verlieben können. Obwohl ich keinen Kontakt mehr zu ihr habe, denke ich nur an sie. Jeden Tag. Wie damals. Ich bin daran schuld, dass wir nicht mehr kommunizieren können. Kurz nachdem sie mit ihrem Vater umgezogen war, versuchte ich eines Tages sie über das Handy ihres Vaters zu erreichen, aber das führte eher zu großen Problemen. Ich erinnere mich noch an dieses Telefongespräch:

- „Hello, Mr Peter here. Na who di call?" (Wer ruft an?)
- Hello Mr Peter, i am Richter Song, Student at the GHS Nyanon
- Great Song, you must be the first Nyanonian calling me since I went

back to the Nord-West. Even my colleagues have never called me. What a surprise. How are you?

- I am fine ,Sir. I am also very happy to call you. You were our best English Teacher
- No, I'm not. I'm not the best.

Diese Antwort brachte mich zum Lachen. „I'm not" war sein Spitzname, denn er hatte immer diesen Ausdruck im Munde. Er konnte keine Unterrichtsstunde fertig stellen, ohne „I'm not" mindestens fünfmal gesagt zu haben. Und da Englisch nicht unser Lieblingsfach war, nannten wir ihn „I'm not". Besonders, wenn er zornig war, sagte er mit brüllender Stimme: „I'm not joking", deshalb nannten wir ihn auch „Joking". Auch heute in Nyanon kennt man nicht seinen richtigen Namen, sondern diesen Spitznamen . Ich telefonierte weiter mit „I'm not"

- Sir, please excuse me if I have been laughing. It is just that you overlike that Expression "I'm not" .
- But it is true, my son. I know that you have been calling me "I'm not", but it

is not my favourite expression. I just tell you the truth about who or what I am and who or what I'm not. I will never pretend to be what I'm not.

Den Ausdruck „I'm not“ betonte er so sehr, dass ich wieder lachen musste. Und da schon fünf Minuten Anruf vorbei waren, musste ich direkt zum Ziel übergehen. Zu dieser Zeit gab es noch kein Android-Handy und der telefonische Anruf über sogenannte Call Box kostete noch viel Geld.

- You are right, Sir. May I talk to Blessing, please?

Diese Anfrage weckte sofort den Schutzinstinkt bei ihm, und da Lehrer wie Halbgötter sind, las er sofort meinen Gedanken und wurde plötzlich nicht mehr so nett. Was folgte, war eine Reihe von solchen Fragen, die nur Polizistinnen und Polizisten beim Verhör regelmäßig stellen. Freundschaften zwischen Jungen und Mädchen waren im Gymnasium streng verboten, so wollte er und konnte er nicht verstehen, dass Blessing meine Freundin war. Blessing sei niemals mit einem Freund zu Hause gekommen, als sie in Nyanon waren. Es müsste eine geheime Geschichte gewesen sein, diese so genannten „Relations coupables“ (bestrafbare Beziehungen), die in der Schulordnung streng verboten waren. Paradoxerweise gab es ständig schwangere Mädchen in der Schule und die Erzeuger waren fast immer die Schüler. Der Junge und das Mädchen mussten gezwungenermaßen in den Schwangerschaftsurlaub und so wurde die Schule momentan oder definitiv, je nach dem Fall unterbrochen.

Herr Peter fragte nach der Art von Beziehung, die zwischen Blessing und mir bestand. Ich erklärte ihm, dass sie meine beliebteste Klassenkameradin und Freundin war. "What Kind of Friend", fragte er . Ich fragte ihn auch, ob es verschiedene Sorten von Freundschaften gab. Er wurde zorniger und sagte, ich wolle mit ihm spielen. Ich sei der Grund, warum ihre Tochter so anders geworden sei. Er habe gewusst, dass sie in einen Mann verliebt ist, denn es habe ihr an Konzentration in der Schule und zu Hause gefehlt. Er fragte weiter, ob ich schon einmal Sex mit Blessing gehabt hatte und bekam als einzige Antwort, dass ich Blessing so geliebt habe, wie Ben Anna liebt.

- So, nalova hein! Never call this number again! (Das ist also Liebe! Ruf mich nie wieder an!)

Das war das Schlusswort und so beendete er das Telefongespräch. Ich fühlte mich so miserabel und bis heute habe ich nichts mehr von Blessing gehört. Was nach dem Gespräch mit ihr passieren konnte, habe ich mir nicht vorstellen können, aber mein einziger Wunsch zu dieser Zeit war, dass „I'm not" ihre Tochter nicht totschlägt. Er war Alleinerziehender und wirkte nicht nur väterlich, sondern auch mütterlich. Und manchmal auch zu streng. Es war peinlich, nie mehr von Blessing hören zu können, aber besser war das als eine vom eigenen Vater totgeschlagene Freundin. Nur die Geschichte von Joel hat die Gedanken an Blessing in mir wachgerufen. Ich muss sie wiederfinden. Die gehört zu meinen Zukunftsplänen.

Heute fahre ich nach Yaoundé zurück. Ich bin so froh, das Abitur abgeschlossen zu haben, aber es fällt mir so schwer, Abschied von meiner Großmutter zu nehmen. Vor vier Jahren wurde ich in das Dorfgymnasium geschickt, weil ich in der Stadt Yaoundé unkontrollierbar geworden war und immer sitzen bleiben musste. Mein damals alleinerziehender Vater war erschöpft und wusste keinen Rat. Sein Freund Benoit, der damals Schulleiter des Gymnasiums Nyanon war, riet ihm, mich ins Dorf zu schicken. Damals war ich unzufrieden, aber ich finde, dass es eine sehr gute Idee war. Vom schlechtesten bin ich zum besten Schüler übergangen und bin nie mehr sitzen geblieben, bis ich das Abitur bestanden habe. Es gibt keinen Grund mehr, hier zu bleiben, denn es gibt keine Universität im Dorf. Interessanter ist es auch, dass meine Mutter seit einigen Monaten in Yaoundé ist und ich könnte eine normale Familie haben. Damals als ich noch klein war, lebten wir so in Deutschland und später in Kamerun, als mein Vater eine gute Arbeitsstelle hier bekam. Meine Mutter konnte aber die Verhältnisse in Kamerun nicht ertragen. Sie wurde so unglücklich, dass sie nach Deutschland kehren musste. Sie war auch noch sehr jung und unreif, um zu verstehen, dass das Paradies nur im Kopf ist. Ich wollte auch nicht nach Nyanon, aber ich habe das Dorf zu meinem Paradies gemacht und bin dort immer glücklich gewesen. Wenn meine europäische Mutter das afrikanische Land für das Paradies gehalten hätte, wäre sie dort geblieben und hätte wenig Sehnsucht nach Deutschland gehabt. Überall, wo Menschen lebendig sind, kann man leben, meine ich. Egal, ob in Europa oder in Afrika, egal ob in der Stadt oder im Dorf. Zum Glück hat meine Mutter dies mit der Zeit verstanden und ist zurück zu meinem Vater gekehrt. Mein Vater hatte zwar nichts dagegen, dass sie dort lebt, wo sie sich am am wohlsten fühlt, aber ich weiß, dass es schwierig für ein Ehepaar ist, so getrennt zu leben.

Meine Mutter hat viel Spaß an ihrem neuen Job und macht große Gewinne, denn die Kamerunerinnen und Kameruner haben großes Vertrauen an deutschen Produkten, die für sie immer von bester Qualität sind. Diese Vorstellung besteht seit der deutschen Kolonialzeit in Kamerun, denn alles, was von den Deutschen gebaut wurde, besteht bis heute. Die Deutschen sind deshalb bis heute immer willkommen in Kamerun und gelten hier als die besten Partnerinnen und Partner in irgendeinem Bereich. Ich finde besonders interessant, dass sich die Kamerunerinnen und Kameruner mehr und mehr für Online-Shopping interessieren. Sie sitzen jetzt gemütlich zu Hause oder im Büro und bestellen alles Mögliche, sogar das Essen. Das ist ein großer Zeitgewinn für Berufstätige. Das einzige Problem bleiben die nicht asphaltierten Straßen, denn damit können die Produkte nicht immer rechtzeitig geliefert werden.

Heute ist besonders schönes Wetter in Nyanon. Seit einem Jahr ist die Straßenstrecke nach Yaoundé asphaltiert und Reisen ist angenehmer geworden als damals. Zwar sind die Autos immer alt und tragen immer mehr Personen als normal, aber man kann pünktlich kommen. Heute gibt es aber auch nicht so viele Reisende, deshalb sitze ich gemütlich im Auto und neben mir ist noch ein Sitzplatz frei. Wir sind zu viert im Auto von fünf Sitzplätzen, das damals acht Personen transportierte. Der Fahrer ist sehr nett. Unterwegs gibt es eine Polizeikontrolle, aber alles läuft gut, denn der Fahrer hat alle nötigen Unterlagen und schimpft nicht auf die Polizistinnen und Polizisten. Auch diese sind sehr respektvoll und arbeitsfreudig. Nach zwei Stunden Fahrt treffen wir in Mokolo ein. Mein Vater und meine Mutter sind schon da. Sie umarmen mich und ich steige in das neue Auto meiner Mutter ein.

- Na, Söhnchen, Gratulation! Du hast das Abi geschafft, sagt meine Mutter.
- Na ja, das Dorfgymnasium war der beste Ort für ihn, sagt mein Vater.
- Danke Ma. Richtig Pa. Das war eine wunderbare Idee. Ich konnte mich richtig auf das Lernen konzentrieren. Ich bin sehr stolz darauf, das Abitur bestanden zu haben, aber was nun? Ich habe mir bishin keine Gedanken darüber gemacht, was ich danach tun kann. Damals war es die Rede davon, dass ich nach dem Abi zu Mama nach Deutschland fliege, aber Mama ist nun hier in Yaoundé. Was tun?
- Du bist jetzt ein Erwachsener, lieber Sohn, sagt meine Mutter. Auch wenn ich in Deutschland geblieben wäre, hättest du nicht mit mir gewohnt. In

Schwäbisch Hall gibt es keine Universität. Du wärest in eine andere Stadt gegangen, um zu studieren. Als Volljähriger sollte man nicht mehr bei den Eltern leben.

- Genau Richter, du bist jetzt ein Volljähriger, bestätigt mein Vater. Das Abitur heißt in Österreich „Matura“, was bedeutet, dass man damit schon reif ist und selbstständig sein sollte. Willst du in Deutschland studieren?, fragt er mich.
- Ja, Papa. Zwar wusste ich nicht, dass ich von dir als ein Erwachsener angesehen werden konnte, aber ich muss dir sagen, dass ich keine Sorge damit habe. Ich bin sogar volljähriger geworden als du denken kannst. Wenn man bei Oma wohnt, wird man schneller erwachsen.
- Der muss recht haben, der Sohn. Ich bin sicher, dass er schon eine Freundin hat, sagt meine Mutter.
- Willst du uns deine Freundin vorstellen?, fragt mich der Vater.
- Das möchte ich gerne, aber ich weiß nicht, wie ich sie wiederfinde. Als ich vor einigen Jahren in Nyanon ankam,

verliebte ich mich in die Tochter meines Englischlehrers, aber am Ende jenes Schuljahres wurde der Vater nach dem Nordwesten versetzt, und seither habe ich keinen Kontakt mehr zu meiner Freundin. Blessing heißt sie. Sie ist die einzige, die ich bis jetzt geliebt habe.

- Ach, traurige Geschichte, mein Sohn. Und seit zwei Jahren gibt es Probleme im Nordwesten. Es wird schwer zu wissen, ob sie noch da in Bamenda sind oder nach Nigeria geflüchtet sind, oder noch lebendig sind. In Krisensituationen ist alles möglich .
- Nein Mama, Blessing kann nicht so sterben. Sie lebt noch, dessen bin ich mir sicher. Das kann ich fühlen. Auf jeden Fall finde ich sie bald wieder. Wenn ihr einverstanden seid, kann ich morgen nach dem Nordwesten fahren, und wenn ich zurück bin, können wir meine Reise nach dem Norden, nach Deutschland vorbereiten.
- Richter, es ist zu gefährlich, was du tun willst, sagt mir mein Vater. Erstens, morgen ist Montag, und seit dem

Abbruch der anglophonen Krise, gibt es keine Aktivität dort beziehungsweise keine Reisemöglichkeit dorthin montags. Zweitens, nach dem Nordwesten reisen ist gefährlich für Frankophonen, besonders dich. Du kannst zwar Englisch sprechen, aber die lokale Variante, das so genannte Pidgin - Englisch, kannst du nicht, die Amba Boys werden dich kidnappen. Drittens, du bist ein BiPoC. Man kann leicht sehen, dass du gemischt bist. Man könnte dich für einen Ausländer halten.

- Stop Papa, das letzte Argument stimmt überhaupt nicht. Wir sind im einundzwangzigsten Jahrhundert und die heutige Welt ist so gemischt, dass man BiPoCs überall findet. Ich bin sicher, dass es welche auch im Nordwesten gibt. Und ich verstehe nicht, was das Aussehen damit zu tun hat. Ich werde übermorgen nach dem Nordwesten fahren, komme was wolle. Wenn man mich auf Pidgin Englisch anspricht, werde ich auf Englisch antworten. Ich muss Blessing wiederfinden.

2 Was wird aus Blessing?

Als Blessing und ihr alleinerziehender Vater das Dorf Nyanon verließen, kamen sie in eine der schönsten Städte Kameruns. Bamenda. Eine paradiesische Stadt. In dieser Stadt war das Wetter am angenehmsten. Die Lebensmittel waren am billigsten. Die Mietshäuser waren am günstigsten und so konnte Mr Peter eines der gemütlichsten Häuser am Rande der Stadt mieten. Die Stadtbewohnenden waren am nettesten. Bamenda war eine der sichersten Städte des Landes. Man sprach sehr selten von Diebstahl. Die Sicherheitskräfte taten alles Mögliche, um die Bewohnenden zu schützen und diese waren stolz auf ihre Stadt. Die Lieder, die man täglich im Radio hörten, waren alle Loblieder der Stadt gegenüber:

„Thank you my Bamenda eh,
Thank you my homeland eh
God bless you my Mama eh"

Sowohl das Tag- als auch das Nachtleben bot vielfältige Unterhaltungsmöglichkeiten und den ganzen Tag oder die ganze Nacht war die Stadt immer in Bewegung. Wenn man „leben" wollte, also das Leben genießen oder Spaß haben wollte, fuhr man nach Bamenda. Man hatte den Eindruck, dass alle Bewohnenden immer „happy“ waren. Genauso wie in den USA, gehörte sich als glücklich schätzen zur Kultur und die Leute waren immer lächelnd. Sobald man in dieser Stadt ankam, konnte man seine Sorgen vergessen, denn alle Menschen, egal ob Kinder oder Erwachsene, Frauen oder Männer, Fremde oder Einheimische, Frankophone oder Anglophone, begrüßten mit einem so schönen Lächeln, dass man nur mitlächeln konnte. Auf dem Marktplatz konnte man keinen Unterschied zwischen Einheimischen und Fremden machen. Alle sprachen dieselbe Sprache, die weder Französisch noch Englisch war. Pidgin English. Diese war sehr angenehm zu hören und sehr leicht zu erlernen. Zwar war sie keine standardisierte Sprache, aber sie war das beste Kommunikationsmittel, das man in diesem Teil des Landes haben konnte. Man konnte eigene Wörter hinzufügen, wenn man nicht die richtigen Wörter fand, um das auszudrücken, was man wollte, und die Kommunikationspartnerin oder der Kommunikationspartner verstand immer, worum es ging.

Bamenda war das Symbol des Zusammenlebens. Es war eine diskriminierungsfreie Stadt.

Drei Jahre nach ihrer Ankunft im Nordwesten, ließ sich der Vater von Blessing ein großes Haus in Santa bauen. Santa war eine kleine heilige Stadt in der Nähe von Bamenda und war auch der Arbeitsort von Mr Peter. Er wohnte in Bamenda und arbeitete in Santa. Und als sein Haus fertig gebaut wurde, zog er nach Santa mit seiner Tochter um. Während der ganzen Ferien 2016 waren sie jeden Tag an der Baustelle und hatten mitgeholfen. Blessing hatte auch dafür gesorgt, dass das Haus so dekoriert wird, wie es ihr gefallen konnte. Und besonders ließ sie ihr Traumzimmer gestalten, damit sie tags oder nachts besser träumen kann. Ja, sie träumte jeden Tag von Richter, seitdem sie Nyanon verlassen hatte, aber Richter blieb unerreichbar.

Ab September 2016 wurde Blessing Schülerin im Gymnasium Santa, wo ihr Vater tätig war. Dort gefiel es ihr besser als anderswo und sie fühlte sich wirklich glücklich. An den ersten Schultagen hörte sie von einem Fest, das am ersten Oktober stattfinden sollte. Das sollte aber nicht ein glückliches Fest wie das Oktoberfest in Deutschland sein, sondern ein Gedenkfest zur Behauptung eigener Identität als Anglophone. Blessing konnte das nicht verstehen, denn sie war in der frankophonen Zone geboren und bis zur Versetzung ihres Vater nach dem Nordwesten nie in der anglophonen Zone gelebt hatte. Warum war es so? Blessings Mutter war Frankophone. Sie stammte aus einem Ort vom Zentrum Kameruns namens Elig Mfomo. Das Gymnasium Elig Mfomo war die erste Arbeitsstelle von Mr Peter und als junger Lehrer verliebte er sich in eine Schülerin, die nach einigen Monaten schwanger wurde. Peter traf die Entscheidung, Flore (so hieß sie) später zu heiraten und zog mit ihr nach der Hauptstadt Yaoundé. Flores Eltern hatten nichts dagegen. So kam Blessing zur Welt. Sie wuchs in einer der besten Familien von jungen Paaren auf. Als sie drei Jahre alt war, brachte ihre Mutter einen Sohn zur Welt, den sie Beni nannte. Die Eltern von Flore, die bishin nichts gegen die Beziehung zwischen Peter und ihrer Tochter hatten, fingen damit an , sich zu beschweren. Erstens waren sie unglücklich, dass ihre Tochter die Schule abbrechen musste, um Mutter zu werden. Sie hatten nichts gegen die Kinder und waren sogar sehr glücklich, Großeltern zu sein, aber sie meinten, die Zukunft ihrer Tochter sollte sich nicht nur auf den Mutterberuf beschränken. Sie war intelligent und sollte mit der Schule weiter machen und einen soliden Beruf ergreifen, bevor sie weitere Kinder zur Welt bringt. Peter versprach, alles in Gang zu setzen, damit dieser Wunsch erfüllt sei. Als Lehrer schämte er sich, eine Hindernis zur Zukunft eines intelligenten Mädchens zu sein und sagte, er werde dafür sorgen, dass Flore die Schule weiter besucht und nach dem Abitur entweder an die Universität geht oder einen Beruf erlernt. Flore stimmte ihm zu und versprach, nach dem Abitur die Lehrerschule zu besuchen, um Lehrerin wie ihr Mann zu werden. Mit dem ersten Punkt gab es also kein Problem.

Die zweite Beschwerde der Eltern war, dass Peter ihre Tochter traditionell heiraten sollte, bevor er weiter mit ihr lebt. Das sollte nicht nur Respekt an der Tradition bedeuten, sondern auch ein Zeichen der Ehre sein. Ja, es war eine große Ehre für die Eltern, wenn ihre Tochter traditionell geheiratet wurde. Da die traditionelle Hochzeit in jedem Stamm Kameruns anders aussieht, erkundigte sich Peter danach, was er dafür benötigte. Die zwei ersten Bedingungen hatte er schon erfüllt. Als Flore schwanger war und ihre Eltern von ihrer Affäre mit Peter wussten, musste er sich bei den Eltern vorstellen und sagen: „ Hier bin ich. Ich bin kein Räuber. Ich bin nur auf der Suche nach etwas Leckerem, das sich hier befindet , und ausgerechnet einer Süßen Kolanuss.“, wie es die Tradition verlangt. Dafür brachte er einige Flaschen Rotwein und die Eltern stimmten der Beziehung zu. Als Blessing zur Welt kam, musste Peter wieder zu den Eltern Flores gehen und „an die Tür klopfen“. Es ging diesmal darum, sich als zukünftigen Ehemann von Flore vorzustellen. Dafür benötigte er zwanzig Liter Palmwein und einige Lebensmittel. Nun konnte er sagen: „Das, was ich hier vor einiger Zeit gefunden habe, will ich für immer behalten.“, um seine Heiratsabsicht zu erklären. Der Vater erwiderte: „Ich bin zwar der Vater dieses Mädchens, aber sie gehört nicht nur mir. Ich werde mit den anderen Verwandten sprechen. Du kannst an einem anderen Tag kommen.“ So sollte eine Liste von Gütern erstellt werden, die Peter als Brautpreis mitbringen wird. Als das zweite Baby zur Welt kam, musste sich Peter wieder bei den Eltern von Flore vorstellen und nach der Liste fragen, und so bekam er eine Liste von Dingen, die mehr als zehn Millionen XAF kosten sollten: 5 Handys, 20 Kartons von Rotwein, ein kleines Haus für die Schwiegermutter, ein neues Haus für den Schwiegervater, neue Möbel, ein Mofa für den Schwiegerbruder, ein Auto für den Schwiegervater, eine Modejacke für den Onkel, einen Fernseher, fünf Schweine, fünf Ziegen, Ein Rind, sechs Kartons von Fisch, etc. und vor allem einen Briefumschlag mit zwei Millionen XAF. Peter konnte nichts mehr verstehen. In seiner Tradition war es ganz anders und obwohl die Etappen fast dieselben waren, konnte man höchstens eine Million XAF dafür ausgeben. Peter verdiente nur 200000 XAF pro Monat und konnte nichts sparen, denn das Leben in der Stadt war sehr teuer. Auch wenn er bis zur Rente sparen sollte, konnte er nie alles bringen, was die Familie von Flore verlangte. Er bat um die

Revidierung der Liste. Die Eltern von Flore wollten ihm auch helfen und nach Verhandlungen mit Verwandten betrug die endgültige Liste fünf Millionen XAF. Das konnte Peter auch nicht schaffen. Flore und Peter mussten sich trennen und Flore ging zu ihren Eltern mit dem Neugeborenen zurück. So blieb auch Peter mit Blessing und die Liebe nahm eine Pause. Um mit Blessing zu bleiben, musste er noch Geschenke und Geld zu den Eltern und Verwandten von Flore geben.

Am nächsten Schultag war Peter so schockiert, dass er das Thema „Für oder gegen den Brautpreis?“ als Übung zum schriftlichen Ausdruck in der Abschlussklasse bot. Eigentlich war seine Absicht, das besser zu verstehen, was mit ihm passierte. Beim Lesen der Antwortblätter stellte er fest, dass nur sehr wenige Schülerinnen und Schüler dafür waren. Merkwürdigerweise war 80% der Schülerinnen dagegen und nur 20% dafür. Was die Jungen angeht, war nur 10% dafür, während 90% dagegen war. Warum so eine Abneigung zu einem traditionellen Wert? Die Argumente waren unter anderen, dass die Eltern und Verwandten der Braut ganz einfach übertreiben. Ja zu Geschenken, ja zum Brautpreis, aber das sollte nur symbolisch sein und die finanzielle Fähigkeit des Bräutigams in Betracht ziehen. Die Braut sei nicht eine Luxusware, die man unbedingt teuer verkaufen sollte. Dem liege die Tatsache zugrunde, dass es heutzutage so viele unverheiratete Mädchen gibt, die ganz zu teuer wären.

Überdies hätten die zahlreichen Ehescheidungen damit zu tun, weil der Mann nicht die Frau heiraten konnte, für die sein Herz wirklich ernst geschlagen hatte. Hinzu kommen noch getrennte Paare, Alleinerziehende und vor allem „Viens on reste"-Ehepaaren, das heißt Familien ohne Heiratsurkunde. Ohne traditionelle Hochzeit kann man nicht zum Bürgermeister. Ein anderes merkwürdiges Argument gegen den Brautpreis war, dass es zu einem Konkurrenzding geworden war. Einige Verwandte wollten mehr als ihre Nachbarinnen und Nachbarn haben und einige gut verdienende Bräutigame wollten mehr geben als verlangt wurde, um zu zeigen, wie mächtig sie waren. Als Beispiel nannten sie einen Geschäftsmann, der teure Geschenke nicht nur zu seiner Schwiegerfamilie, sondern auch zu allen Bewohnenden des Dorfes von seiner Braut, die zu seiner dritten Frau werden sollte: „Das ist frustrierend für uns Jugendliche ohne Job und mit unsicherer Zukunft“, so schloß ein Schüler seine Aufgabe.

Für die wenigen Schülerinnen und Schüler, die den Brautpreis befürworteten, sollte die Tradition nie verachtet werden. Der Segen der Familie sei das Wichtigste, was zu einer glücklichen Ehe führen kann. Der Brautpreis gehöre zur Identität des Volkes und man müsse nicht immer das tun, was in anderen Kulturen passiert. Wenn der Bräutigam seine Pflicht gut erfüllt, dann werde die Familie seiner Frau geehrt und respektiert. Er werde auch von seiner Frau respektiert und es könne keine Probleme in ihrer Beziehung geben. Peter war auch dafür, dass die Kultur bewahrt werden solle, obwohl er für die Revidierung dieser Kultur plädierte, die in der globalisierten Welt sehr fragwürdig geworden war. Er beschloss sich, keine andere Frau mehr zu lieben und sagte sich, er werde irgendwann den Brautpreis bezahlen und seine Frau zurücknehmen.

Am 01. Oktober 2016 gab es jedoch kein besonderes Fest wie Blessing erwartete, aber sie hörte von Anglophonen, die unglücklich waren, von Frankophonen assimiliert zu sein. Fünf Tage später fand eine Demonstration statt. Die Anwälte und eine Organisation der Zivilgesellschaft protestierten gegen die Ernennung von frankophonen Richtern in den anglophonen Regionen. Ihnen zufolge konnten diese das englische "Common law“ nicht richtig verstehen und so nur ungerechte Urteile fällen. Nicht nur in Bamenda, sondern auch in Limbe und Buea wurde gegen die Frankophonisierung der Anglophonen und ihre Marginalisierung in allen politischen und sozialen Domänen demonstriert. Gefordert wurde, dass manche Regierungsdokumente, die bishin nur in der französischen Sprache vorlagen, ins Englische übersetzt werden, und dass das englische Common Law in die Universitäten von Buea und Bamenda eingeführt werden. Im November fingen auch die Lehrkräfte an, zu demonstrieren und so wurden fast alle Schulen geschlossen.

So musste Blessing die Schule unterbrechen, weil es keine Schule mehr gab. Sie konnte auch nicht verstehen, was eigentlich passierte und wo sie hingehörte. Sie war so genervt, dass die Demonstrationen zu nichts führten und dass sie brutal niedergeschlagen wurden. Empört war sie auch, dass nun Krieg statt Frieden herrschte. Ihr Vater war der Meinung, dass es zu einem neuen anglophonen Land kommen sollte, aber Blessing, die zugleich das frankophone und das anglophone Kamerun vertrat, stand dazwischen und wollte nur in einem friedlichen Land leben, egal ob es Kamerun oder Ambazonia heißen sollte. Warum musste man nur für einen Namen kämpfen? Was sollte sich ändern, wenn die anglophonen Regionen zu einem Land mit einem anderen Namen werden sollten? Die Einsätze verstand Blessing überhaupt nicht. Am 01. August 2017 kamen die Soldaten der Ambazonian Defence Forces im Dorf an, wo Blessing lebte und zwangen alle Jugendlichen, Jungen und Mädchen, mit ihnen in ihr Trainingscamp zu gehen und auch zu Soldaten trainiert zu werden. Blessing wollte nicht dazugehören. Sie verstand den Sinn des Kampfes einfach nicht. Wie konnte man plötzlich Soldat werden? Woher kamen die Waffen? Beim Gedanken, dass sie Menschen totschießen müsste, bekam sie Angst und fing an , zu zittern. Nein, das konnte sie nicht. Niemals. Blessing pflegte Selbstmordgedanken, bald kamen auch Fluchtgedanken, die sie besser fand als Selbstmord begehen. Es wäre besser, beim Fliehen totgeschossen zu werden, als Selbstmord zu begehen. So ging sie über die hintere Tür aus dem Haus und ging über das Gebüsch zur Bushaltestelle nach Yaoundé. Sie hatte nur ihre Schultasche mit ihren notwendigen Papieren und das Geld für die Reise dabei. Für das erste Mal in ihrem Leben trennte sich Blessing von ihrem Vater, ohne sich zu verabschieden. Da der Vater auch für die Entstehung eines neuen anglophonen Landes war, machte sie sich keine Sorgen über ihn. Irgendwann würden sie sich wiedersehen. Als die Soldaten der ADF in die Wohnung kamen und Blessing nicht finden konnten, kidnappten sie ihren Vater und stellten zwei Bedingungen für seine Freilassung: Die Anstellung seiner Tochter als Soldatin oder eine Geldsumme von zwei Millionen XAF.

3 Eine Reise nach dem Nordwesten

Heute ist Dienstag, der 31. Juli 2017. Wie versprochen reise ich nach dem Nordwesten. Ich muss Blessing wiederfinden. Ich weiß nicht wie, aber wenn ich sie nicht wieder finde, dann könnte ich andere Zukunftspläne entwickeln. Ich könnte zum Beispiel katholischer Priest werden. Wenn ich doch in der Zukunft eine Frau haben muss, dann wird sie nur Blessing sein. Keine andere. Ich nehme meinen Schulrucksack, zwei Hosen und zwei T-Shirts, eine Turnschuhe und eine Sandale, den Roman „Romeo und Jabulile“ von Lutz van Dijk und meinen Personalausweis. Meine Mutter gibt mir ihre Kreditkarte, damit ich keine Geldprobleme haben kann. Ich kaufe Schokoladen für Blessing und Kuchen für unterwegs.

Um 6:30 Uhr morgens bin ich im Bus von „Amour Mezam Express“. Mezam ist der Name von der Verwaltungsabteilung, wohin ich fahre, und Amour bedeutet Liebe. Der Name der Reiseagentur macht für mich viel Sinn, denn ich fahre nach der Mezam-Verwaltungsabteilung , um meine Liebe wieder zu sehen. Der Bus ist schon voll, denn am vorigen Tag konnte man nicht reisen. Die Reisegenossen sehen nachdenklich und traurig aus. Man hat den Eindruck, dass es um eine Fahrt zu einem Trauerfall geht. Niemand quatscht mit seinem Nachbarn wie üblich. Es gibt keine Musik im Bus. Niemand achtet auf die Jugendlichen, die nacheinander in den Bus hineinkommen und Süßigkeiten verkaufen wollen. Nur einige weinende kleine Kinder bekommen Bonbons, weil sie laut geschrien haben. Das Leben scheint in diesem Bus eine Pause gemacht zu haben, wohingegen draußen die Leute glücklich aussehen. Ich verstehe jetzt, dass es wirklich ein Problem im Land gibt. Ich nehme Platz neben einem Mädchen. Plötzlich kommt ein junger gut gekleideter Mann im Bus und fängt an, ein christliches Lied zu singen: „Jesus Christ is amongst us". Fast alle singen mit. Da ich das Lied nicht kenne, begleite ich nur mit meiner männlichen Stimme. Alles wird zu einem Chororchester und ich bekomme das Gefühl, in der Kirche zu sein. Nach dem Lied betet der Pastor im Pidgin-Englischen und meine Nachbarin übersetzt für mich. Im ersten Teil des Gebets heißt es, dass Nordwestkamerun eine gesegnete

Region sei, wo der Teufel keinen Platz habe. Nur der Frieden und die Einheit sollten dort herrschen. Die Waffen hätten keinen Platz dort. Gott solle uns alle schützen und alle Militäreinsätze stoppen. Alle tödlichen Waffen, die uns bedrohen, sollten im Namen Jesu verbrannt werden. Nach diesem Gebet gibt es noch ein christliches Lied, das alle mitsingen. Dann beginnt der zweite Teil des Gebets, der vom Gottesschutz während der Reise handelt. Es solle keinen Verkehrsunfall geben. Gott solle uns bis zur Ankunft in Bamenda schützen. Niemand solle uns stören. Nach jedem Satz des Pastors antworten alle mit „Amen". Wenn dieser mit dem Gebet fertig ist, gibt ihm jeder von uns Geld, wie in der Kirche. Ich gebe ihm auch 500 XAF. Plötzlich gibt es eine relativ gute Stimmung im Bus. Die Leute finden plötzlich Interesse an ihren Nachbar*innen und lernen sie jetzt kennen. Nun können wir gutgelaunt nach dem Nordwesten abfahren. Es ist 7 Uhr.

Reisen ist quasi angenehm. Meine Nachbarin erklärt mir, dass ich keine Angst haben soll. Obwohl sowohl Soldaten als auch normale Bürgerinnen und Bürger jeden Tag sterben, kann man nach dem Nordwesten reisen, seinen Aktivitäten nachgehen und zurückreisen ohne Problem. Wenn man kein Pidgin-Englisch sprechen kann, muss man nur nicht auffallen, sonst könnte man gekidnappt werden. Auf meine Frage, wozu denn normale Leute gekidnappt werden, antwortet sie mir, dass sie auf dieser Weise Finanzierung für ihre Einsätze bekommen. Eine gekidnappte Person koste mindestens 1000000 XAF je nach ihrem Status. Jugendliche wie ich seien am billigsten. Erwachsene seien teurer und unter den Erwachsenen sei auch zwischen Arbeitslosen und Arbeitstätigen zu unterscheiden. Die Opfer werden zunächst befragt, bevor eine Geldsumme bestimmt wird. Gefragt wird, ob er viel Geld bei der Bank oder zu Hause hat, oder ob er Familienmitglieder hat, die das Geld schnell geben können. Ich frage danach, was passiert, wenn eine gekidnappte Person niemanden hat, der das gefragte Lösegeld geben kann. Meine Nachbarin antwortet, das sei unmöglich. Gekidnappt werden nur Leute, für die man etwas Geld geben kann. Sie verstehe nicht, wie das passiert, aber für sie seien die „Amba Boys“ keine normalen Leute. Sie bedienen sich der Magie, um ihre Aktivitäten durchzuführen. Manchmal könnten die Soldaten sie nicht sehen, obwohl sie neben ihnen ständen. Sie seien auch in der Lage, zu verschwinden, wenn sie in Gefahr sind, deshalb wisse man nicht, wann der kleine Krieg enden werde, und ob er überhaupt enden könne.

An der Grenze zwischen dem Westen und dem Nordwesten gibt es eine ungewöhnliche Kontrolle nicht durch die Polizisten, sondern durch bewaffnete Leute ohne Uniform. Es ist 17 Uhr. Diese jungen Leute sind schwer bewaffnet und sehen fürchterlich aus. Im Bus redet niemand mehr. Mir wurde gesagt, ich müsse schweigen, da ich kein Pidgin-Englisch sprechen kann. Sie fragen nicht nach den Personalausweisen, sondern nach Geld. Dieses Geld bezeichnen sie als Kriegssteuer für Einreisende. Jeder gibt das, was er hat, aber die Mindestsumme ist 2000 XAF. Obwohl ich mich zu verstecken versuche, falle ich auf. Zum Glück sagt der Kontrolleur nur „White, na how?“ (Weißer, wie geht es dir?). Ich antworte „Fine“ und gebe ihm 5000 XAF. Er lächelt und sagt: „Na so. we de fight for wouna. Make

Ambazonia be free and independent “ . ("So muss es sein. Wir kämpfen für euch. Ambazonia muss frei und unabhängig werden”). Nach der Kontrolle kommen wir nun ohne Sorgen in Bamenda an. Es ist 18 Uhr. Ich suche schnell nach einem Hotel, wo ich übernachten kann.

4 Flucht nach dem Zentrum

Am 01. August 2017 schaffte es Blessing, weg von zu Hause zu fliehen, damit sie nicht als „Freiheitskämpferin“ angestellt wird. Es war noch 5 Uhr am Morgen. Die Kämpfer der ADF kamen so früh, weil sie sicher waren, dass sie fast alle kampffähigen Kinder und Jugendlichen zu Hause finden konnten. Als Blessing weg von ihnen war und sich auf der Straße Richtung Bamenda befand, war es schon 6 Uhr. Sie hatte fast eine Stunde im Busch verbracht. Es war schon hell und glücklicherweise fand sie ein Auto nach Bamenda. Sie ging direkt zum Busbahnhof und kaufte das Fahrticket nach Yaoundé. Um 7 Uhr war der Bus von Amour Mezam schon voll, und es gab hunderte von Leuten, die nicht reisen konnten, weil es keine Autos mehr gibt. Man hatte den Eindruck, dass alle weg wollten. Blessing war also glücklich, einen Platz im Bus finden zu können. Eine absolute Stille herrschte im Bus. Die meisten Reisenden waren Angehörige einer und derselben Familie. Blessing fragte einen neben ihr sitzenden gleichaltrigen Jungen, warum er denn auch weg wolle. Er erklärte ihr, dass am Tag zuvor, ihr ganzes Dorf in Brand gesteckt worden sei. Von wem, wisse er nicht. Es sei sehr gefährlich geworden, als junger Mann im Dorf zu leben, denn die Regierungssoldaten könnten einen für einen Freiheitskämpfer halten. Im Dorf zu leben, ohne Freiheitskämpfer zu sein, sei noch gefährlicher, denn die Kämpfer könnten einen für einen Verräter halten und ermorden Der Junge hieß Terence. Er war so besorgt, so von ihrem Dorf wegzugehen, denn er konnte nichts mit sich nehmen. Alles, was er besaß, verbrannte. Und so war es auch mit den ganzen Familien, die an diesem Tag reisen bzw. fliehen mussten. Reisen war zu einer Flucht geworden. Und nur sehr wenige Reisende hatten Bekannte in der frankophonen Zone. Terence kannte niemanden in Yaoundé und sagte sich, er werde zunächst als „Nanga Boko“ (Straßenkind) anfangen, um Arbeit betteln und zurück zur Schule gehen, falls er genug Geld hat. Blessing erzählte Terence, wie sie es auch geschafft hat, von ihrem Dorf Santa zu fliehen. Sie erklärte ihm, dass sie eigentlich Halb Frankophone und Halb Anglophone war und den Sinn des Kampfes nicht verstand, deshalb konnte sie sich nicht engagieren. Terence erwiderte, er auch verstehe nichts und habe nie gewünscht, Kämpfer zu werden. Zwar sei er Anglophone, aber verstehe nicht, wie Kolonisationssprachen, die den Kamerunerinnen und Kamerunern erzwungen wurden, sie so spalten könnten. Einen Krieg nur wegen dieser Sprachen zu führen, sei für ihn sinnlos. Was er verstehen könne, sei, dass die Leute darüber empört seien, dass die natürlichen Ressourcen ungerecht verteilt seien, aber statt einen Krieg zu führen, sollte die Regierung eher Kompromisse schließen. Sie sollte verständlicher sein. Blessing war auch dieser Meinung. Sie erzählte Terence, wie die Anglophonen immer friedlich im Frankophonen Teil des Landes gelebt haben, so auch die Frankophonen im anglophonen Teil. Ihr Vater sei ein gutes Beispiel für gelungene Integration, denn seine Frau stamme aus dem Zentrum des Landes. Zwar seien sie im Moment getrennt, aber sie lieben sich immer gut. Blessing betonte, dass sie jetzt zu ihrer Mutter fahre und sie werde alles tun, damit ihre Familie wieder normal wird.

Blessing und Terence unterhielten sich während der ganzen Reise über ihre Zukunft. So war es auch im ganzen Bus. Es gab keine Musik. Nur lange Gespräche unter besorgten und verzweifelten Mitfahrenden. Unterwegs gab es ständig Polizeikontrolle. An den Grenzen jeder frankophonen Stadt. Wie alle Jugendlichen im Bus hatten Blessing und Terence weder Personalausweise noch Schülerausweise. Die Polizisten waren auch verständlicher und stellten nur einige Fragen, um sicherzustellen, dass es wirklich um eine Flucht ging. Da sie wussten, dass die Reisenden schlechte Erlebnisse hinter sich hatten, versuchten sie immer, sie zu versichern, dass sie im frankophonen Kamerun immer willkommen sind. Dass sie nie verzweifeln sollten. Sie seien immer zu Hause und würden keine Probleme haben, bis die Regierung eine Lösung zur herrschenden Krise findet.

Um 18 Uhr kamen sie in Yaoundé an. Blessing hatte ein bisschen Geld und entschloss sich, zwei Motelzimmer zu buchen. Ein für Terence und ein für sich selbst. In der Nacht würden sie den nächsten Tag besser planen. Die ersten Aktivitäten würden darin bestehen, nach Blessings Mutter zu suchen und nach einem Job bzw. einer Unterkunft für Terence zu suchen. Es herrschte ein weit unterschiedliches Klima in Yaoundé. Frieden, Lachen, Musik, Bier überall. Die Leute schienen nicht zu wissen, dass es ein Problem in einem Teil des Landes gibt. Alles war hier normal, so normal, dass die beiden Jugendlichen sich wunderten, ob sie sich nicht in einem Nachbarland befanden.

5 Im Knast der „Freiheitskämpfer“

Um 7 Uhr bin ich wach. Ich bewundere noch das schöne Hotel im Stadtzentrum Bamendas. Alles ist so modern, und trotzdem (was noch mehr ist, das Hotel ist günstig). Ich fühle mich wie im Paradies. Das Wetter ist herrlich. Ich dusche mich und gehe in den Frühstückraum. Die Kellnerinnen sind sehr höflich und lächelnd. Das Essen schmeckt sehr gut. Wenn ich fertig bin, gehe ich hinaus und weiß noch nicht, welche Richtung besser ist, um Blessing wieder zu finden. Ich habe zwei Namen im Kopf, Blessing und Mr Peter. Ich werde besonders Jugendliche, das heißt Gymnasialschülerinnen und Schüler fragen und sie werden auch weiter fragen und wenn ich drei Tage hier verbringe, werde ich irgendwann die Antwort bekommen.

Ich gehe rechts, ohne genau zu wissen, wohin ich gehe. Nach zehn Minuten befinde ich mich an der Bushaltestelle. Hunderte von Leuten sind da und es gibt keine Busse mehr. Sie sitzen da besorgt und sehen traurig aus. Ich gehe zu einem Jungen und begrüße ihn auf Englisch. Er antwortet mir ganz höflich auf Pidgin Englisch und ich sage ihm, dass ich diese Sprache nicht gut verstehe, denn ich bin erst in der Nacht gekommen. Er versteht und macht weiter mit mir auf Französisch. Er spricht sehr gut Französisch, aber mit englischem Akzent. Er sagt mir, dass wir nur leise sprechen müssen, sonst fallen wir auf. Zwar seien die Frankophonen nicht unerwünscht, aber es komme meistens zu Plünderungen ihrer Geschäfte durch Banditen vor, die sich als „Freiheitskämpfer" vorstellen. Das könne irgendwann geschehen, sei es am hellen Tag oder, sei es in der Nacht. Ich bekomme plötzlich Angst und sage ihm, dass es total ungerecht ist, Fremde so zu misshandeln. Er sagt mir, dass Bamenda ein sehr hohes Ansehen als Stadt der Gastfreundschaft genießt. Das sei noch nicht anders geworden. Nur der Diebstahl und die Kriminalität herrschen seit einem Jahr und die Staatssicherheit scheine ohnmächtig zu sein. Jeden Tag werden Häuser und Geschäfte geplündert und unschuldige Leute ermordet. Es gebe keine Sicherheit mehr. Der Junge wird nachdenklich, schweigt sich für zwei Minuten und sagt schließlich, er müsse aus der Stadt weg. Ich frage ihn, ob es keinen Ausweg mehr für ihn gibt und er antwortet mit Tränen in den Augen, dass sein Dorf verbrannt worden sei und er müsse nun ein neues Leben irgendwo beginnen. Das sei der Fall für die meisten Leute, die da sitzen. Es gebe keinen Ausweg, wenn man nicht mitkämpfen wolle. Er lehne diesen Kampf absolut ab. Zwar wäre es gut, wenn die Anglophonen selbstständiger wären, aber ihm zufolge sei das ein strukturelles Problem, das man so lösen könne, dass nicht nur die Anglophonen, sondern auch die ganze kamerunische Bevölkerung davon profitieren kann.

„Das war aber nicht mein Problem“, sage ich ihm. Ich habe gemerkt, dass wir den ganzen Tag über die Krise diskutieren können. Eine Stunde ist schon vorbei, seitdem ich den Jungen angesprochen habe. Ich kenne seinen Namen immer noch nicht, aber habe schon Vieles über die herrschende Krise erfahren. Wenn es so weitergeht, werde ich mein Ziel nicht erreichen. Ich bin nicht da für den Krieg, sondern für die Liebe. „Entschuldigung! Ich habe ein anderes Problem“, sage ich weiter: „Vor drei Jahren habe ich ein Mädchen aus dem Nordwesten namens

Blessing kennen gelernt. Sie war meine Mitschülerin in Nyanon und sein Vater wurde als Englischlehrer hier nach Bamenda versetzt. Kennst du ihn? sie? Hast du schon von ihnen gehört?“. Der Junge, der lieber über Probleme spricht, macht mich darauf aufmerksam, dass es dieses Jahr keine Schule für Anglophone gab. Nur die Frankophonen konnten unter strenger Polizeikontrolle zur Schule gehen. Das sei das erste Problem. Das zweite Problem sei, dass es viele Gymnasien in Bamenda gibt und man müsse zunächst wissen, in welchem Gymnasium Mr Peter tätig sei. Das dritte Problem sei, dass es in jedem Gymnasium nicht weniger als zehn Englischlehrerinnen und Lehrer gebe. Zwar sei die Mehrheit von ihnen weiblich, aber die männlichen würden entweder Peter oder John heißen. Alle Englischlehrer, die er bisher gekannt habe, hätten nur Peter geheißen. Er könne mir sagen, wo einige wohnen, aber das vierte Problem sei auch, dass die meisten Mädchen auch Blessing heißen. Das fünfte Problem sei, dass er keine Lust habe, mir zu helfen, denn er verstehe nicht, wie man in einer Kriegssituation verliebt sein kann. Er verstehe nicht, wie ich zu einem solchen Gefühl komme, so dass ich mich in Gefahr setze. Was wichtiger für die Jugendlichen sei, sei das Überleben und die Zukunft. Zum Schluss könne er mir nicht helfen. Noch dreißig Minuten Gespräch ohne Lösung zu meinem Problem. Ich danke ihm trotzdem und gehe weg. Ich verstehe auch, dass nur Gott mir helfen kann, Blessing wieder zu finden. Ich gehe noch zu einem Mädchen, das verängstigt „No“ sagt. Sie wolle nicht mit mir sprechen. Wenn ich mich von ihr entferne, kommt der erste Junge zu mir und sagt, dass dieses Mädchen am vorigen Tag vergewaltigt wurde und sei so traumatisiert, dass sie nur weggehen will. Ich werde sprachlos und verlasse die Bushaltestelle . Es ist nicht der richtige Ort für jemanden, der nach der Liebe sucht.

Kaum bin ich zweihundert Meter entfernt, dass ich Gewehrschüsse höre. Alle laufen durcheinander. Ich laufe auch in eine unbekannte Richtung und befinde mich vor einer Gruppe von bewaffneten Jugendlichen. Einer sagt: „Welcome boy“. Ich bekomme Angst und er sagt: „No worry. Our country will soon be free“. Da verstehe ich, dass ich schon mit den Freiheitskämpfern bin. Der

Älteste von ihnen sagt, ich müsse mich auf den Boden setzen, was ich sofort mache. Zwölf Jungen werden auch sofort gebracht und ich höre sagen: „Police don come“. Da die Regierungssoldaten bereits im Einsatz sind, müssen sie weg. Sie lassen uns in einen Lastwagen einsteigen und fahren in eine Richtung, in die es kaum Menschen gibt. Nach zwei Stunden Fahrt kommen wir in einem Gebüsch an. Jeder von uns wird nach seinem Engagement für den Kampf gefragt. Wenn jemand zu überlegen scheint, wird er gepeitscht. Wenn sie zu mir kommen, kann ich Pidgin Englisch nicht verstehen. Ich sage: „I cannot get what you are saying”. Einer lacht und sagt: “Na white man. He no de hear country talk. He de talk na grammar” (Das ist ein Weißer. Er versteht nicht die lokale Sprache. Er spricht Grammatik). Sie gewinnen mehr Interesse an mir und wir tauschen uns im Englischen aus. Sie fragen, warum ich nach dem Nordwesten gefahren bin und was meine Eltern von Beruf sind. Sie werden ganz nett zu mir und einer verspricht, mir zu helfen, Blessing zu finden unter der Bedingung, dass ich ihren Kampf finanziere. Sie wollen mich nicht als

Kämpfer, denn ich sei ein Fremder, aber meine Eltern müssten ihnen viel Geld geben. Sie zwingen mich dazu, meinen Vater anzurufen. Wenn er antwortet , nimmt der Älteste das Handy und sagt ihm, dass ich seit einigen Stunden ein Gefangener bin. Wenn er mich noch lebendig sehen wolle, dann solle er zwei Millionen XAF schicken. Er habe nur vier Stunden dafür. Es ist 12 Uhr, so muss das Geld um 16 Uhr in sein Telefonkonto überwiesen worden sein. Ich werde in ein kleines Haus gebracht , wo die Gefangenen sind. Dort erkenne ich Mr Peter, den Vater von Blessing. Er erkennt mich auch und fragt nach dem , was ich hier zu suchen habe. Ich erzähle ihm ruhig von meiner damaligen und langjährigen Liebesgeschichte mit Blessing, von dem Telefongespräch mit ihm, das schlecht endete, davon, wie ich das Abitur bereits abgeschlossen habe, und davon, dass ich mich hier befinde, weil ich Blessing unbedingt wieder sehen wollte. Er lächelt und wird mir gegenüber freundlicher. Er erzählt mir, dass die Freiheitskämpfer am frühen Morgen bei ihnen eingetroffen sind, als alle noch im Bett waren. Sie wollten Jugendliche als Mitkämpfer nehmen und haben es auch geschafft, fast alle kampffähigen Jungen und Mädchen seines Viertels mit sich zu nehmen. Als sie in seinem Haus ankamen , fanden sie keinen Jugendlichen, sahen aber die Kleidungen und die Schuhen von Blessing. Da er auch nicht wusste, wann und wie Blessing es geschafft hat, wegzugehen, wurde er gekidnappt und musste nun entweder Blessing kommen lassen oder zwei Millionen XAF geben, um freigelassen zu werden. Mr Peter sagte schließlich, er verstehe, warum ich auch gekidnappt werde. Die Kämpfer hätten versprochen, sie würden zur Bushaltestelle gehen und alle Jugendlichen in Haft nehmen, die weg wollen. Das sei genau, was mit uns passiert ist. Ich frage ihn, ob er Geld hat und er sagt mir, dass er sogar einen Kredit genommen hat, um sein Haus bauen zu lassen. Er habe nichts bei der Bank. Ich rufe noch meinen Vater an und erkläre ihm, dass er eher vier Millionen XAF schicken muss. Verängstigt sagt er nur, kein Problem, er tue das sofort. Ich erkläre dem Ältesten der Kämpfer, dass ich auch Mr Peter befreien will. Er lächelt und sagt: „Mr Peter. You de lucky ooo. Make am quick

quick!“ (Mr Peter, du bist glücklich. Mach schnell).

Um 15 Uhr sind wir frei und Mr Peter entschließt sich, mit mir nach Yaoundé zu fahren. Blessing hätte ihm mehrmals gesagt, dass sie zu ihrer Mutter gehen wolle, um die Schule weiter besuchen zu können. Er sei sicher, dass Blessing schon in Yaoundé ist. Wir übernachten noch im Hotel im Zentrum Bamendas und am 02. August 2017 fahren wir zurück nach Yaoundé.

6 Balle au centre

Am 02.08.2017 um 06 Uhr standen Blessing und Terence auf. Sie mussten das Motel vor 8 Uhr verlassen. Es gab kein Frühstück. In der Nacht hatte Blessing schon darüber nachgedacht, wie sie ihre Mutter wiederfinden sollte. Sie fuhr nach Elig Mfomo, dem Dorf der Mutter, zusammen mit Terence. Das Dorf lag nur 50 Kilometer von Yaoundé entfernt. Blessing war dort in den Schulferien 2015 zu Besuch und kannte noch den Weg sehr gut. Dreißig Minuten mit dem Minibus nach Obala, danach noch dreißig Minuten mit dem Mofa nach Elig Mfomo, und sie kamen gut an. Ngono, die Mutter, war so überrascht, dass sie anfing, zu weinen, als sie ihre Tochter wiedersah.

- Mein Baby, Blessing, warum kommst du so unangemeldet? Und so früh? Wer ist das? Ihr seid beide so traurig .
- Mama, endlich bin ich hier. Das ganze Jahr gab es keine Schule. Es gab nur Schüsse. Es gibt keinen Frieden mehr im Nordwesten. Ich konnte nicht mehr bleiben. Gestern früh um 4 Uhr sind die

Freiheitskämpfer in unser Dorf gekommen. Sie wollten uns rekrutieren. Zum Glück konnte ich fliehen. Im Bus nach Yaoundé habe ich Terence kennengelernt, der auch die Flucht ergriffen hatte und keinen klaren Zukunftsplan im Kopf hatte. Wir sind gestern in der Nacht in Yaoundé angekommen und es war sehr spät, hierhin zu fahren, so haben wir in einem kleinen Hotel übernachtet. Jetzt sind wir so erleichtert, dass wir hier sind.

- Mein Baby, ich bin auch so erleichtert, dich lebendig wieder zu sehen. Weißt du, die Situation im Nordwesten und im Südwesten macht uns alle so traurig. Einer unserer ehemaligen Schüler, der Mvogo hieß, wurde dieses Jahr im Südwesten totgeschlagen. Er war Soldat und bei seinem Frühdienst hat er auf ein Auto fehlgeschossen, weil der Fahrer sich nicht kontrollieren lassen wollte. Leider hat der Schuss ein kleines Schulmädchen getroffen, das sofort gestorben ist, und so hat die Bevölkerung ihn auch getötet. Das hat uns allen hier sehr weh getan. Mvogo war noch sehr jung, verlobt, aber nicht verheiratet und kinderlos. Er hatte Zukunft. Wir sind so genervt, dass junge Leute in einem so sinnlosen Krieg ums Leben kommen. Blessing, was du mir jetzt erzählst, kommt mir wie ein Traum vor. Wieso wollten sie euch rekrutieren? Hättet ihr eine Ausbildung gemacht? Machen doch die Mädchen auch mit?

- Mama, ich bin so traurig für Mvogo. So sterben auch viele junge Soldaten im Nordwesten. Was die Freiheitskämpfer angeht, rekrutieren sie ohne Ausbildung. Ich weiß nicht, ob man danach eine Ausbildung bekommt oder nicht. Ich bin sehr glücklich, nicht mitzumachen.

Blessings Mutter, die nach dem Abitur Französischlehrerin im Gymnasium Elig Mfomo geworden war, unterbrachte Blessing und Terence. Geplant wurde, dass sie im September zurück in die Schule gehen. Beide hatten noch zwei Jahre im Gymnasium.

Am selben Tag in der Nacht kamen Richter und Mr Peter in Yaoundé an. Mr Peter bekam eine schöne Unterkunft von Richters

Eltern, eine Ein-Zimmer-Wohnung mit eigener Küche, eigenem Bad und eigener Toilette. Vor dem Schlafen saß die neue Familie noch beim Abendessen. Exklusiv hatte Veronika eine Speise aus dem Nordwesten zubereitet: Water fufu mit Eru. Obwohl sie Deutsche war, kannte sie sehr gut die kamerunische Küche und war sehr begabt. Während des Essens erzählte Mr Peter von sich, betonte aber die glücklichen Sequenzen seines Lebens: Die Kindheit in einem friedlichen und gastfreundlichen Nordwesten, das Schulleben ohne Sitzenbleiben, die Ausbildung zum Englischlehrer an der Pädagogischen Hochschule Bambili, die Lehrtätigkeit am Gymnasium Elig Mfomo, wo er sich in die Mutter Blessings verliebte und seinen Aufenthalt als Lehrer im Gymnasium Nyanon, wo Blessing Richter kennen gelernt hatte. Er verzichtete absichtlich auf die traurigen Seiten, denn er wollte sich nicht bemitleiden lassen. Die Eltern Richters hatten ihm das Leben gerettet, wofür er jede Minute seinen Dank aussprach. Er dachte, er solle ihnen mindestens von seinem Kidnapping erzählen, aber als er begann, unterbrach ihn Veronika und sagte:

„Wir wissen schon, dass Schlimmes im Nordwesten passiert. Vergiss alles bitte! Genieße ganz einfach die Freiheit und die schönen Momente und denke an morgen. Du wirst Zeit haben, uns die Geschichte zu erzählen. Zwar lesen wir jeden Tag in der Zeitung, was bei euch passiert, aber wir wissen auch, dass die Medien nicht immer die Wahrheit sagen. Ich will die Wahrheit wissen: deine Wahrheit. Wie es zu diesem Krieg gekommen ist. Wie er verläuft und warum er nicht enden will. Alles erzählst du uns sicherlich später, aber versuch jetzt bitte, alles zu vergessen. Denk an deine Frau und deine Tochter, die du morgen treffen wirst. Ab übermorgen wirst du von mir angestellt werden. Ich habe eine Online-Marketing-Firma, die Kembuy heißt. Die Geschäfte laufen sehr gut, aber ein Anglophoner ist ein Plus für uns, besonders für den Umgang mit englischsprachigen Kunden. Bis jetzt habe ich das allein gemacht. Du verstehst, dass du uns von großer Wichtigkeit sein wirst. Und du wirst ein gutes Gehalt bekommen. Nach dem Krieg wirst du zurück zu deiner Arbeitsstelle kehren und parallel eine Filiale im Nordwesten eröffnen. Wie du siehst, ist die Zukunft glänzend. Vergiss den Krieg! Herzlich Willkommen in ein neues Leben!“

Mr Peter war wortlos. Er bedankte sich nochmals für die Befreiung und weinte, als er vom Angebot hörte. Er hatte sich noch keine Gedanken über das gemacht, was er in Yaoundé tun sollte. Alles, was er im Kopf hatte, war es, am nächsten Tag nach Elig Mfomo zu fahren, um seine Frau und Blessing wieder zu sehen. Möglicherweise würde er Hilfsstunden am Gymnasium Elig Mfomo anbieten. Er wusste aber, dass er dafür nicht so gut bezahlt werden konnte. Hauptsache war der Frieden. Nun hatte er einen klareren Zukunftsplan. Er sagte auch Herrn Song „Danke!“, dieser erwiderte: „Du sollst mir nicht danken. Das Geschäft gehört Veronika und sie ist deine einzige Arbeitgeberin. Herzlichen Glückwunsch, Mr Peter“

Als Mr Peter schlafen ging, konnte nun Richter über seine Reise berichten und seine Meinung zum Konflikt im Nordwesten zum Ausdruck bringen:

„Mama, Papa, auf dem Terrain sein ist wichtig. Ich habe gesehen. Ich habe gehört. Ich habe erlebt. Zum Glück seid ihr reich, sonst wäre ich schon tot. Wie wir

Frankophone über den Nordwesten reden ist genauso wie die Europäer*innen über Afrika reden. Mama weiß viel mehr als ich. Ich bin Halbeuropäer, Halbafrikaner. Meine Kinder werden Halbfrankophone und Halbanglophone sein, falls Gott damit einverstanden ist. Aber da liegt nicht das Problem. Ich will nur darauf hinweisen, dass man von der Ferne nur eine Vorstellung davon hat, was in der Fremde passiert. Diese Vorstellung entspricht meistens der Realität oder nicht, aber man tut immer so, als ob sie die reine und einzige Wahrheit wäre. Die Situation im Nordwesten ist doppelsinnig. Man hält die Freiheitskämpfer für Terroristen. Unter ihnen gibt es zwar schlechte Leute, Banditen und Kriminelle, aber die meisten sind nur Andersdenkende, die anders regiert werden wollen und anders leben wollen. Man muss also klar zwischen den beiden unterscheiden können. Im Knast hatte ich mit Leuten zu tun, die vernünftig handeln wollten, obwohl sie von den Regierungssoldaten gejagt werden. Sie erzählten mir von den anderen Gruppen, die immer bereits waren, unschuldige Menschen und Soldaten zu töten und wollten nicht mit ihnen solidarisieren. Das bedeutet, es gibt zwei Arten von Rebellen: Diejenigen, die Zukunftspläne haben und diejenigen, die vom Kampf profitieren, um Terror herrschen zu lassen. Diese zweite Gruppe müsste genauso bekämpft werden, wie man überall gegen die Unsicherheit kämpft. Mit der ersten Gruppe sollte man nur verhandeln. Ich bin fest davon überzeugt, dass es möglich ist, zu einem Kompromiss zu kommen. Es soll auch auffallen, dass die Mehrheit der Anglophonen den Kampf für absurd halten und nur in Frieden leben wollen. Wichtiger ist für sie, dass die Regierung ihre Lebensbedingungen verbessert. Für sie bleiben die Frankophonen ihre Landgenossen, deshalb suchen sie Zuflucht immer im frankophonen Teil des Landes. Sie finden es absurd, dass man ein neues Land für sie gründen will. Ich finde auch, dass die Lebensbedingungen der Bevölkerung verbessert werden sollen, und dass jede Region autonomer werden muss"

Veronika erwiderte:

„Du hast recht, mein Sohn. Wir Europäer achten nicht immer auf die Vielfalt von Vorstellungen bezüglich der Katastrophen, die in anderen Teilen der Welt stattfinden. Mit

Recht, denn die Medien zeigen uns nur, was brisant ist. Es gibt zwar Dokumentare, die einen anderen Blick vermitteln, aber nur sehr wenige Leute wissen davon. Die Schlagzeilen in den Zeitungen oder im Fernsehen betonen nur die negativen Seiten und es ist klar, dass die Journalisten nicht überall in der Welt sein können. So können sie die Situation nicht so schätzen wie du. Wir verstehen jetzt die Situation besser. Dein Vater kann auch besser verstehen, aber was mir am meisten leid tut, das sind die Millionen von Personen, die ihre Dörfer verlassen und zu Flüchtlingen werden, unschuldige Personen und junge Soldaten, die sterben. Das soll aufhören.“

7 Wiedersehen mit Blessing

Heute ist der 4. September, erster Schultag in Kamerun nach den Ferien. Wir haben uns entschlossen, erst an diesem Tag nach Elig Mfomo zu fahren, weil die Chance sehr groß wäre, Blessing und ihre Mutter wieder zu sehen. Es ist 6 Uhr. Ich stehe auf, obwohl ich die ganze Nacht nicht geschlafen habe. Ich habe da nur im Bett gelegen und über alles Mögliche nachgedacht: Meine Abenteuer im Nordwesten, was dort mit den Leuten passiert und die Zukunft von den dortigen Jugendlichen. Das alles bereitete mir Alpträume. Zum Glück gab es auch Momente, wo ich nur an Blessing dachte. Ich war sehr zufrieden zu wissen, dass sie weggehen konnte und vor allem, dass ich sie bald wiedersehen konnte.

Um sechs Uhr waren auch alle aufgestanden. Wir duschten uns, nahmen das von meinem Vater vorbereitete Frühstück und fuhren nach Elig Mfomo mit dem Auto meines Vaters. Der fuhr natürlich mit uns. Meine Mutter hätte auch gerne reisen wollen, aber sie war sehr beschäftigt. Peter kannte noch den Weg sehr gut. Unterwegs, ca. 8

Kilometer vor der Kleinstadt, erkannte er einen Jungen, der damals sein Schüler war. So war es auch mit vielen Schülerinnen und Schülern, die weit entfernt vom Gymnasium lebten und jeden Morgen lange Strecken zu Fuß bewältigen mussten, um sich bilden zu lassen. Manchmal kamen sie sehr müde an und waren in den ersten Stunden schläfrig. Mballa, so hieß der Junge, kam in unserem Auto und freute sich riesig darüber, dass er seinen ehemaligen Lehrer wiedersehen konnte. Er sagte:

- Sir Peter, I am now in the Terminale Class. My English is no more so poor as some years ago. So I am happy that I can speak English with you. How are you doing?

Peter war auch sehr glücklich zu erfahren, dass Mballa große Fortschritte in der englischen Sprache gemacht hatte. Der wollte damals Englisch nicht lernen und sagte immer: „C'est Dieu qui donne l'anglais de quelqu'un". Das sollte bedeuten, dass die Fähigkeit, Englisch zu können, angeboren sei oder ganz einfach eine Gabe Gottes war.

Als Peter davon sprach, mussten wir alle lachen:

- Mballa, c'est Dieu qui donne l'anglais de quelqu'un. You realise now that God has given your own through me.
- Really, Sir, you teachers are like Gods.

Dieser Satz klang wie ein Überraschungsgeschenk, das Peter in Elig Mfomo erwartete. Er lächelte. Ich sah, wie stolz und glücklich er war. Ich auch war sehr glücklich und sagte Mballa, dass er wirklich Recht hatte. Lehrer seien Halbgötter. Wir ergriffen die Gelegenheit, um über die Stellung vom Englischen im frankophonen Kamerun zu diskutieren. Wie kam es vor, dass wir Frankophone uns wenig anstrengen wollten, die englische Sprache zu sprechen, obwohl wir schon wussten, dass Englisch eine Weltsprache war? Warum klang uns diese Sprache immer so fremd, obwohl sie eine Pflichtsprache in unseren Schulen war? Das war eigentlich keine Diskussion, denn wir alle argumentierten dafür, dass Englisch von den Frankophonen ernster zu nehmen sei. Peter sagte schließlich:

- Mballa, I thank you for your touching words. That is the best sentence I have ever heard since I am teaching. I will never forget that.

Mballa bedankte sich erneut bei Peter und fragte ihn, warum er wieder nach Elig Mfomo fahren wollte, und ob er nicht mehr im Nordwesten tätig war. Peter wollte seine Fragen beantworten, aber Mballa kam wieder zu Wort und entschuldigte sich dafür, dass er die zweite Frage gestellt hatte. Er wisse genau, dass seit zwei oder drei Jahren eine Krise dort herrscht. Jeden Tag sehe er traurige Bilder im Fernsehen mit Reportagen über verbrannte Häuser, gekidnappte Beamte, unter denen Lehrer, ermordete Soldaten und Zivilisten. Er sagte schließlich:

- Sir Peter, I am sorry. I do not want to talk or hear about that.

So war es immer. Die Leute wollten nicht darüber reden. Ich auch wollte niemandem davon erzählen, dass ich im Nordwesten war und etwas Schlimmes erlebt hatte. Peter sagte nichts, als Mballa sprach, aber ich sah, wie nachdenklich er war. Als Mballa fertig war, sagte er:

- It is ok, Mballa. Do not worry. I cannot blame you. The most important is to have an issue in the days ahead.

Peter versuchte, die Krise zu relativieren, indem er von den Problemen in anderen Teilen des Landes erzählte: Der Terrorismus von Boko Haram im Norden, Diebstähle und Kriminalität in den Großstädten, prekäre Lebensbedingungen in den Dörfern etc. Er schlussfolgerte, dass es ein strukturelles Problem sei, das institutionell zu lösen sei. Leider fehle es am guten Willen. Ich stimmte ihm zu. Mballa auch. Um 8 Uhr kamen wir im Gymnasium Elig Mfomo an und gingen direkt ins Büro des Schulleiters.

Herr Leka, der Schulleiter, war ein großer netter Mann, der Fremde immer gerne empfing. Er war Deutschlehrer von Beruf, wie er uns mitteilte. Er freute sich, uns kennen zu lernen, nachdem wir uns vorgestellt hatten, wies uns auf Sitzplätze hin und fragte, ob ich mich in seine Schule einschreiben wollte.

Ich sagte ihm, dass ich bereits das Abitur bestanden hatte. Mein Vater ergriff sofort das Wort und erklärte ihm, dass wir nicht auf der Suche nach einem Platz in der Schule waren, sondern nach einer Person. Er erzählte ihm, dass Peter ein ehemaliger Lehrer des Gymnasiums Elig Mfomo war, der sich zu seiner Zeit in eine Schülerin namens Ngono verliebt hatte. Obwohl er Ngono nicht heiraten konnte, bekamen beide eine Tochter, der sie den Namen Blessing gaben. Peter habe immer mit Blessing gelebt, zunächst in Nyanon, danach im Nordwesten bis heute. Herr Leka kannte wohl die Krisensituation im Nordwesten. Peter kam zu Wort und erzählte von den neueren Entwicklungen, wobei er gekidnappt wurde und seine Tochter loswurde. Bisher wisse er nicht, wo sich Blessing befindet.

Herr Leka wurde wortlos und traurig. Nach einer Minute Schweigen besuchte er die Liste der neu eingeschriebenen Schülerinnen und Schüler und stoß auf den Namen: Ngono Blessing Che. Er lächelte und sagte: „sie ist hier. Sie ist neu in der Abschlussklasse." Ich umarmte Peter. Peter umarmte meinen Vater. Wir lächelten. Der Schulleiter stand auf und ging selbst in die Klasse, um Blessing zu holen. Zitternd kam sie ins Büro. Vielleicht dachte sie an eine Strafe oder daran, dass sie von der Schule auszuweisen war. Zunächst merkte sie nur ihren Vater, fiel in seine Hände und begann zu weinen. Peter weinte auch. Niemand sprach. Nach zwei Minuten erhob sie den Kopf und erkannte mich. Meinen Vater hatte sie noch nicht gesehen.

- Richter !!!, schrie sie.
- Blessing !!!, schrie ich auch (. ✓)

Für das erste Mal küssten wir uns vor anderen Leuten. Es war wie an einem Hochzeitstag, nachdem der Bürgermeister gesagt hat: „Sie dürfen jetzt die Braut küssen". Der Kuss dauerte zwei Minuten. Wir vergaßen, dass wir in der Schule und besonders im Büro des Schulleiters waren. Wir vergaßen, dass unsere Väter da waren. Wir vergaßen ganz einfach alles. Nach dem langen Kuss schämten wir uns, aber unsere Väter und der Schulleiter lachten und klatschten Beifall. Wir fragten Herrn Leka, ob wir mit Blessing zu ihrer Mutter gehen konnten. Er stimmte zu. Es war der erste Schultag und fast nichts war los in der Schule. Die anwesenden Schülerinnen und Schüler sollten nur ihren Stundenplan bekommen und die Schule sauber machen. Manche trugen sogar keine Schuluniform. Wir bedankten uns bei dem Schulleiter, nahmen Blessing im Auto und gingen weg zu ihrer Mutter. Es folgten glückliche Wiedersehensmomente mit langen Gesprächen, wobei mein Vater versprach, Peter finanziell zu unterstützen, damit er Blessings Mutter heiraten kann. Peter stimmte ihm nicht zu und sagte, er sei dankbar dafür, dass er ihm das Leben gerettet hat, aber werde ihn nicht weiter stören. Er werde selbst Geld sammeln und alles organisieren. Man müsse nicht immer Fisch zum Essen bekommen, sondern auch fischen lernen und fischen können. Das Wichtigste war, dass Ngono noch nicht mit einem anderen verheiratet war und immer die Hoffnung gepflegt hatte, Peter wiederzusehen. Sie hatte nichts mehr dagegen, dass Peter erst später ihren Brautpreis bezahlt und versprach, Peter so oft wie möglich in Yaoundé zu besuchen und am Ende des Schuljahres, mit Blessing zu ihm umzuziehen. Sie könne das nicht sofort tun, weil Blessing brauche Ruhe nach den traumatischen Erlebnissen. Peter war auch mit der Idee einverstanden, dass Blessing in Elig Mfomo bis zum Schuljahresende bleibt, damit sie das Abitur gut vorbereiten kann. Ich fand auch die Idee großartig. Ich erinnerte mich an die Zeit, wo ich noch die Schule in Yaoundé besuchte. Wäre ich nicht ins Dorf Nyanon umgezogen, so hätte ich nicht so schnell das Abitur bestehen können.

Was nun? Während mein Vater, Peter und Ngono weiter diskutierten, besprach ich meine Zukunftspläne mit Blessing. Wir legten sofort fest, dass wir heiraten würden. Wie meine Mutter damals versprach, sollte ich nach dem Abitur nach Deutschland, um zu studieren oder um eine Ausbildung zu machen. Dafür brauchte ich aber noch deutsche Kenntnisse. Zwar war ich in Deutschland geboren, aber zog nach Kamerun, als ich noch sehr klein war, deshalb verlernte ich die Muttersprache. Ich musste also noch Deutsch lernen, während sich Blessing auf das Abitur vorbereitet. Am Ende des Schuljahres würde ich nach Deutschland ziehen, während Blessing mit dem Deutschkurs beginnt. In zwei Jahren würden wir uns in Deutschland wiedersehen und heiraten. So waren unsere Pläne.

8 Ein Corona-Schuljahr

Das Schuljahr 2019-2020 war nicht wie die anderen. Schon im Dezember hörte man im Radio und schaute im Fernsehen zu, dass es eine gesundheitliche Katastrophe in China gab. Die neue Epidemie, die von einem in der Luft lebenden Virus verursacht wurde, hieß Corona. Es ging um eine gefährliche Krankheit, die die Menschen nach sehr kurzer Zeit tötete, indem sie ihnen die Fähigkeit zum Atmen zerstörte. Jeder konnte vom Virus angesteckt werden, aber diejenigen, die schwerere Fälle entwickelten, waren meistens ältere Leute und Asthma-Kranke. Die Entwicklungen schauten wir im Fernsehen gleichgültig zu und dachten, es müsse nur eine China-Krankheit sein. Als Corona sich danach in Europa verbreitete und viele Menschen sterben ließ, blieb es uns noch egal. Gerüchten zufolge war es nur eine Winterkrankheit und das Virus konnte nicht in der Hitze der meisten afrikanischen Länder überleben. So nahmen wir es nicht so ernst und gingen unseren Alltagsaktivitäten nach, als würde die Krankheit nie in unser Land kommen. Als Frankreich davon betroffen wurde, fingen wir an, neugierig zu sein. Wir lebten und atmeten Französisch seit der Kolonialzeit und importierten fast alles aus Frankreich. Die Leute sagten, dass Kamerun der beste Schüler Frankreichs war, und wenn Frankreich angesteckt sein sollte, dann müsste Kamerun auch angesteckt sein. Und so entwickelte sich die Situation tatsächlich.

Im September 2019 hatte ich mit dem Deutschkurs an einem Sprachzentrum in der Nähe unseres Hauses begonnen. Im März 2020 hatte ich das Goethe Zertifikat B1 bestanden und sollte damit nach Deutschland ziehen, wo ich Deutsch bis zum DSH weiter lernen sollte. Die Reise war für den 14. März geplant. Ich brauchte kein Deutschlandvisum, denn ich hatte als Deutsch-Kameruner einen deutschen Pass. Am Morgen des Flugtages hörten wir im Radio, dass das Gesundheitsministerium bestimmte Maßnahmen gegen Corona getroffen hatte, darunter die Sperrung der Grenzen, den Lockdown, das Tragen eines Nasen-Mund-Schutzes, die ein-Meter-Distanzhaltung etc. Das war wie ein Scherz für mich. Ich war schon bereit für das Reisen. Ein Abschiedsfest war sogar organisiert. Wir gerieten in Panik. Ich wurde nachdenklich. Mein Vater kam zur Idee, dass die Maßnahmen nicht sofort beachtet werden konnten, und dass wir so tun sollten, als ob wir nichts gehört hätten. Nur die Radio- und Fernsehbesitzer wussten davon. Wenn jemand uns fragte, ob wir die Nachricht gehört hatten, sagten wir, dass unser Radio kaputt war, und dass wir keine Zeit fürs Fernsehen hatten. Ich packte mein Koffer weiter. Einige Gäste kamen, andere nicht. Wir aßen und tranken ohne Distanz. Wir umarmten uns ohne Bedenken. Niemand trug einen Mundschutz. Und wenn jemand von Corona sprach, dann mussten wir lachen. Um 22 Uhr fuhr mich mein Vater an den Flughafen Nsimalen, denn ich sollte umMitternacht abfliegen. Leider war der Zugang zum Flughafen gesperrt und die Polizistinnen und Polizisten sagten uns mit Mitleid, dass wir zurück nach Hause fahren mussten. Ich fühlte mich niedergeschlagen und ohnmächtig. Mein Vater, Peter und Blessing, die auch im Auto waren, fingen an, mich zu trösten. Meine Mutter befand sich seit einem Monat in Deutschland und sollte mich willkommen heißen. Ich sagte: „Things fall apart. Le monde s'effondre". Was war dieser Virus, der den Gang der Welt plötzlich veränderte? Ich wurde so zornig, dass ich laut sagte, dass ich nicht mehr reisen werde. Ich wollte alles aufgeben und mich an der Universität Yaoundé für das nächste Jahr immatrikulieren. Zum Glück war Blessing da. Sie fand die richtigen Worte, um mich zu trösten. Die Tatsache, dass sie für mich da war, ließ mich alles vergessen und nur glücklich sein. Sie sagte nämlich, dass wir unsere Träume nicht verlassen sollten, und egal wo ich bin, werde sie immer an meinen Seiten stehen. Sie sei sicher, dass Corona, wie alle Pandemien, nur sehr kurz halten wird. Man werde sehr schnell Impfstoffe dagegen entwickeln. Ich sollte zufrieden sein, dass es nicht nur ein Kamerun-Problem war, sondern eine globale Angelegenheit. So kehrten wir nach Hause zurück.

Am 15. März verbreitete sich die Nachricht, dass man zu Hause bleiben musste. Keine Schule mehr. Kein Besuch mehr. Und wenn man ausgehen musste, um beispielsweise einzukaufen, musste man einen Nasen-mund-Schutz tragen. An jenem Tag begann man auch, Nasen-Mund-Schütze zu verkaufen. An jeder Kreuzung der Hauptstadt gab es einen Verkäufer oder eine Verkäuferin. Seit wann gab es doch diese leichten hellblauen Dinge in Kamerun? Am 14. März, wo die sanitären Maßnahmen getroffen wurden, war nicht so viel los. Dass es plötzlich Nasen-Mund-Schütze zum Verkaufen gab, vermittelte den Eindruck, dass alles geplant war. Diese Dinge waren so teuer, dass es ein Luxus war, das zu tragen. Gerüchten zufolge war Corona nur ein Alibi, um solche Dinge in Kamerun zu verkaufen. Die Schneider fingen an, das nachahmend selbst zu fabrizieren und billiger zu verkaufen. So wurden Nasen-Mund-Schütze Mode und gehörten nun zur Alltagskleidung. Die Leute trugen zwar das, aber die meisten zweifelten daran, ob es tatsächlich Corona in Kamerun gab. In den nächsten Tagen fing der Gesundheitsminister an, einen täglichen Bericht von der Lage in Kamerun zu veröffentlichen. Beispielsweise lauteten seine Tweets:

Heute 17. März 2020
Getestete: 1000
Neue covid-Fälle: 200
Genesene: 100

Tote: 10

Bitte beachten Sie die von der Regierung verschriebenen Gesundheitsmaßnahmen!

So begannen wir, die Lage ernster zu nehmen. Im Fernsehen gab es Reportagen in Krankenhäusern. Covid-Pflegezentren wurden gebaut und man sagte, dass die Leute dort in großer Menge starben. Die Regierung könne nicht die richtigen Zahlen geben, damit die Bevölkerung nicht in Panik gerät. Trotzdem hatten die meisten Leute Angst. Niemand wollte sich testen lassen, denn es gab schon eine unbewusste Verbindung von Corona mit dem Tod.

Nach zwei Monaten Lockdown konnte die Bevölkerung nicht mehr ertragen und die Regierung verlockerte die Maßnahmen. Die Schulen öffneten die Türe wieder und Nasen-Mund-Schütze gehörten nun zur Schuluniform. Auch die Lehrerinnen und Lehrer mussten beim Sprechen einen Nasen-Mund-Schutz tragen. Wie komisch! Das Gute war, dass es den Schülerinnen und Schülern plötzlich erlaubt wurde, ein Smartphone zu haben, um an Online-Unterrichten teilzuhaben. Handys, die vor einigen Monaten in den Schulen verboten und von bestimmten

Schulleiterinnen und Schulleitern zerstört waren, wurden plötzlich sehr wichtig für die Lernenden. Jeden Tag gab es auch Unterrichtssendungen für alle Fächer im Fernsehen, was das Lernen spannender machte. Das Negative im Schulmilieu war nur die Covid-Hysterie, die Distanz zwischen den Schülerinnen und Schülern erzwang, so dass die Kinder nicht mehr plaudern und spielen konnten, wie sie wollten.

Obwohl die Grenzen unter strengen Maßnahmen wieder geöffnet waren, entschied ich mich, Deutsch in Kamerun für weitere Monate zu lernen, bevor ich nach Deutschland ziehe. Im Oktober 2020 bestand ich das Sprachzertifikat B2 und flog endlich nach Deutschland. Ich war schon gegen Covid geimpft. Blessing hatte auch das Abitur bestanden und begann auch im selben Monat mit dem Deutschkurs.

9 Richter im Norden

Obwohl ich vollgeimpft war, musste ich 48 Stunden vor dem Flug einen PCR-Test machen. Die Regierung hatte ein spezielles Zentrum dafür errichtet und der Test war kostenlos. Am Flughafen musste man nur den Ein-Meter-Abstand beachten und den Nasen-Mund-Schutz tragen. Das war auch der Fall in Addis Abeba, wo der Flug zwischenlandete und in Frankfurt, wo ich am 15. Oktober 2020 frühmorgens landete. Die Kontrolle der sanitären Maßnahmen schien überall wichtiger geworden zu sein als die Sicherheitsmaßnahmen. An jenem Tag berichtete das Robert-Koch-Institut von einem beschleunigten Anstieg der Übertragungen in der Bevölkerung in Deutschland, wobei dringend appelliert wurde, dass sich die gesamte Bevölkerung für den Infektionsschutz engagieren solle. Die Zahl der Neuinfektionen in Deutschland sollte an jenem Tag so hoch wie nie sein. Meine Mutter holte mich am Flughafen ab und ich musste einem Lockdown von 14 Tagen folgen. Zwei Tage nach meiner Ankunft in Deutschland flog meine Mutter nach Kamerun zurück. Ich meldete mich beim Goethe Institut für C1-Online-Kurse. Ich vermisste sofort die laute Stimmung von Kamerun. Alles war still. Die Leute waren maskiert und stumm. Niemand sprach mit den anderen. Obwohl die Stadt sehr schön und modern war, vermisste ich die „chaleur humaine“, die den Alltag in Kamerun prägte. Ich fühlte mich einsam und miserabel. Ich wollte zurück nach Kamerun. Meine Eltern sagten ständig, dass aller Anfang schwer sei, aber ein Anfang unter Corona war noch schwerer. Ich musste trotzdem damit leben. Auch am Online-Unterricht war ich nicht gewohnt. Ich war wirklich ratlos, aber fasste den Entschluss, dass ich Erfolg haben werde, egal was Corona aus der Welt mag.

Im Sommersemester 2021 wurde ich an der Uni Frankfurt aufgenommen, aber ich musste noch in Schwäbisch Hall bleiben, weil die Seminare nur digital verliefen. Es war kein großes Problem mehr für mich und diesen ersten Semester schaffte ich mit guten Noten. Mit der Online-Methode schien das Lernen noch einfacher zu sein. Im Wintersemester fing alles an, wieder normal zu werden. So zog ich nach Frankfurt, meiner

Traumstadt, und konnte endlich die Universität besuchen, obwohl Corona-Maßnahmen noch herrschten, nämlich die 3G-Regeln (Genesen, Getestet, Geimpft). Ich war geimpft, ließ mich trotzdem fast jeden Tag testen und trug immer den Nasenmundschutz. So konnte es noch weitergehen, bis man im Sommersemester 2022 nicht mehr von Corona-Regeln sprach. Das war auch mein Auslandssemester. Ich verbrachte es an der Université de Paris Cité und wohnte bei meinem Cousin Hermann, der es als Informatiker in Frankreich geschafft hatte. In Paris fühlte ich mich wie in Kamerun. Die große Anzahl von Schwarzen auf den Straßen beeindruckte mich und ich konnte mich mit allen auf Französisch unterhalten.

10 Von Kamerun nach Deutschland über die Ukraine

Blessing hatte vor, eine Ausbildung zur Pflegefachfrau in Deutschland zu absolvieren. Sie lernte Deutsch bis zur Stufe B1 und beantragte einen Online-Termin bei der deutschen Botschaft. Sie glaubte, dass sie spätestens nach sechs Monaten ihren Traum erfüllen wird. Richter unterstützte sie bei der Suche nach einem Ausbildungsplatz in Frankfurt. So bekam Blessing nach sechs Monaten Wartezeit einen Ausbildungsvertrag, leider aber noch keinen Termin. Was sie nicht wusste, war, dass keine Termine für Ausbildungen mehr vergeben wurden. Über den Grund wusste niemand. Sie wartete noch zehn Monate und wurde verzweifelt.

Als Blessing eines Tages mit einem ehemaligen Mitschüler des Gymnasiums Nyanon über Facebook chattete, sagte ihr dieser, dass er seit einem Jahr in Italien sei. Wie er das ohne Abitur geschafft hatte, darüber wunderte sich Blessing und dachte, es könnte eine Lösung zu ihrem Problem sein. Albert, so hieß er, erzählte ihr, wie er über Lybien und das Meer in Italien gefahren sei.

Von Douala nach Italien habe zwei Jahre gedauert, dazu ein Jahr Gefangenschaft als illegaler Migrant in Lybien und mehrmonatiges Schuften bei Baustellen, damit er Geld zum Überleben verdienen konnte. Schon bei der Reise nach Lybien hätte er viele Tage in der Wüste verbracht und wäre beinahe verhungert. Nur Gott hätte sein Leben gerettet, auch bei der Meerreise nach Italien wäre er ertrunken, wenn er nicht gerettet worden sei. Zwei Drittel der Leute, mit denen er die Meerreise unternommen hatte, verschwanden am Meer aufgrund schlechter Wetterlage. Albert gehörte zu den Überlebenden dieser Meerkatastrophe und war jeden Tag Gott dafür dankbar. Er hatte nur noch das Wort „Gott“ im Munde und war zu einem Prediger geworden. Er bot Blessing ein Gebet für ihr Projekt und sagte ihr, sie könne ab sofort reisen, denn Gott habe ihrem Gebet zugestimmt. Was er nicht wusste, war, dass seine Geschichte Blessing eher traurig gemacht hatte. So viel Risiken und dafür noch zwei Jahre unterwegs schien ihr sehr schwer zu ertragen. Die einzige Frage, die sie Albert stellte, war, ob es weibliche Mitreisende auch gab. Er antwortete mit „Ja, sogar

Frauen mit Kindern. Einige hatten sogar in Lybien Babys zur Welt gebracht. Die Frauen wurden prioritär gerettet und ich war sehr glücklich, dass meine nigerianische Freundin und ich gerettet werden konnten. Wir haben vor, nächstes Jahr zu heiraten. Du heißt Blessing. Du bist ein Segen Gottes. Du schaffst es. Gott ist allmächtig. Mit Gott ist alles möglich. Amen." Blessing sagte auch „Amen" und fasste den Entschluss, denselben Weg zu gehen. Albert gab ihr Kontakte von den Leuten, die solche Reisen organisierten. Sie bedankte sich für das Gespräch, aber nur zwei Stunden danach zirkulierten in WhatsApp Bilder und ein Video von einer Kamerunerin, die am selben Tag in der Wüste gestorben war und von ihren Mitreisenden beerdigt wurde. Im Video erzählten die Mitreisenden, dass sie nach zwei Tagen in der Wüste es nicht mehr schaffen konnte, zu Fuß zu gehen. Sie sei schwer krank geworden und musste nur sterben, weil es weder Krankenhaus noch Ärzte in der Wüste gab. Das war eine sehr traurige Geschichte für Blessing, die schließlich die Idee aufgab. Davon erzählte sie Richter sogar nichts.

Zwei Tage später hörte Blessing von Bertrand, dem ein Deutschlandvisum mehrmals abgelehnt wurde, und der sich in der Ukraine fürs Studium befand. Ihr Deutschlehrer, Herr Sony, der in ständigem Kontakt mit Bertrand war, vermittelte zwischen den beiden und erst drei Monate später konnte Blessing in die Ukraine fliegen. Von dort sollte sie irgendwann nach Deutschland gehen und Richter wiederfinden. Das war auch der Gedanke von Richter. Es gab zu diesem September 2021 schon Spannungen zwischen der Ukraine und Russland, aber an eine Eskalation konnte man nicht denken. Blessing war schon an der Uni Kiev immatrikuliert und teilte eine Wohngemeinschaft mit Bertrand und anderen ukrainischen Studentinnen und Studenten, die ihnen gegenüber sehr nett waren. Bertrand konnte schon ukrainisch und begleitete Blessing bei ihrem Integrationsprozess. Leider kam aber der Aufenthalt zu kurz.

In der Nachbarstadt fielen in der Nacht vom 24. Februar 2022 Bomben von der russischen Armee. Es war ungefähr 1 Uhr, als Blessing das Geräusch hörte und den Eindruck gewann, dass ein Erdbeben ausgebrochen war. Sie wach plötzlich auf und fing an , zu zittern. Sie ging sofort zu Bertrand, der auch schon wach und ratlos war. Beide verstanden nicht, was los war. Sie gingen zur Vermieterin, die dasselbe Haus bewohnte. Sie sagte ihnen, so fange der Krieg an. Das sei vorhersehbar gewesen. Alles, was sie tun könnten sei nur , die Stadt zu verlassen. Wohin? Die Frage konnte sie selbst nicht beantworten. Sie auch könne nicht bleiben, sagte sie. Sie solle zunächst in ihr Dorf ziehen und dort ruhig auf weitere Angriffe warten. Es sei für sie besser, im Dorf zu sterben. Warum? Den Grund nannte sie auch nicht. Blessing und Bertrand packten ihre Sachen in die Koffer, notwendige Dokumente in die Rucksäcke, wussten aber nicht, wohin sie wollten. Sie saßen noch und dachten, sie könnten eine weitere Nacht in Kiev verbringen, um besser nachzudenken und zu planen, wohin sie gehen sollten. Um 24 Uhr sagte die Vermieterin, dass sie weg mussten, und dass die Züge verfügbar und kostenlos seien. So gingen sie mit ihren indischen Mitbewohnerinnen und Mitbewohnern zum Bahnhof, nahmen den Zug ohne nach der Richtung zu fragen, weil um 1 Uhr

Bombengeräusche erneut zu hören waren. Der Zug fuhr nach Leviv. Als sie dort ankamen , fanden sie unzählige Leute, die nur eines wollten: die Grenze zwischen der Ukraine und Polen überqueren. Von dort, wo man aussteigen musste, sollte man bis zur Grenze noch ein Taxi nehmen. Es war nicht so weit, aber das Taxi war zu teuer geworden. Blessing und Bertrand fanden eine Gruppe von schwarzen Leuten wie sie und gingen zu ihnen. Erstaunlicherweise waren sie alle Kamerunerinnen und Kameruner. In Gruppen konnten sie besser entscheiden, was sie tun sollten. Sie waren sich aber darüber nicht einig, ob sie zusammen weiter gehen sollten, denn manche von ihnen Verwandte in den verschiedenen EU-Ländern hatten. Mit Blessing war es schon klar, dass sie nach Deutschland zu Richter wollte. Bertrand hatte auch eine Schwester in Berlin und es war auch vorteilhaft für sie, dass sie Deutsch gelernt hatten. Blessing fragte Bertrand, ob er seine Sprachzertifikate dabei hatte. Er durchsuchte noch seine Papiere und lächelte. Sie konnten weiter gehen. Die ganze Gruppe von 15 Kamerunerinnen und Kamerunern kam in ein Taxi, das leider das Ziel nicht erreichen konnte, weil es zu viel Stau gab. 40 Kilometer mussten sie noch zu Fuß bis zur Grenze überwältigen. Ihre Gepäckstücke mussten sie verlassen und nur noch das Wichtigste nehmen. Nach 20 Kilometern zu Fuß waren sie sehr müde. Sie nahmen eine Pause. Nicht zum Schlafen, weil der Schlaf nicht mehr an der Tagesordnung war. Es ging nur darum, mehr Energie zu tanken, um weiter zu gehen. Sie fanden eine Bäckerei, aber es gab weder Brot noch Kuchen mehr. Sie bekamen trotzdem Kaffee und Wasser kostenlos. Es war 19 Uhr. Um 22 Uhr gingen sie weiter los und erreichten endlich die Grenze am nächsten Tag um 12 Uhr. Hoffnung konnten sie wieder haben.

An der Grenze mischte sich die Kamerunergruppe mit anderen unzähligen schwarzen Leuten aus verschiedenen Ländern Afrikas. Es ging nun darum, die polnische Grenze zu überqueren. Die Grenzpolizisten hatten bestimmte Regeln zur Triage etabliert:

1) Die Ukrainerinnen und Ukrainer sollten Vorrang haben
2) Die Frauen mit Kindern sollten Priorität genießen

3) Danach sollten Frauen ohne Kinder an der Reihe sein
4) Danach ältere Leute
5) Schließlich die Männer

Blessing und Bertrand warteten bis zum Abend und erst nachdem fast alle Ukrainerinnen und Ukrainer und andere weiße Leute die Grenze überquert hatten, sollten sie dran sein. In der Gruppe von Leuten aus Afrika gab es eine Frau mit zwei minderjährigen Kindern. Bertrand trug ein Kind und Blessing tat auch so, als ob sie dieser Familie gehören würde, so ließ man sie die Grenze überqueren. Einige Meter danach musste man noch eine Barriere überqueren. Hier war man noch strenger. Nur die Frauen durften überqueren. Die Männer, die es versuchten, wurden gepeitscht. Blessing konnte das schon tun, aber sie entschied sich, mit Bertrand zu bleiben. Sie saß mit allen Männern und sie verbrachten die Nacht dort in der Winterkälte. Erwähnenswert ist, dass sie alle Schwarze waren. Bertrand erinnerte sich daran, dass er die Grenzpolizisten (sie waren nur Männer) auf Ukrainisch ansprechen konnte, so ging er frühmorgens mit Blessing zu ihnen und sagte, dass er krank war. Aus Hunger und Müdigkeit hatten die beiden alle Kleidungen und Schuhen verlassen und hatten nur noch ihre Papiere dabei. Die Polizisten lassen sie die Barriere überqueren und gaben ihnen Wasser zum Trinken. Es blieb noch eine letzte Etappe, wobei die Grenzpolizei im Pass signalisieren sollte, dass man die Ukraine verlassen hatte. Auch hier genossen die Frauen Priorität. Endlich konnten Blessing und Bertrand nach 5 Tagen Reise in Polen ankommen. Was ihnen in Erinnerung blieb, war das Trauma. Sie konnten überleben, aber viele Leute starben unterwegs, aus Krankheit oder aus Müdigkeit. Mit Polen war ein neues Leben voller Hoffnung verbunden. Zum Glück hatten sie noch Geld in der Tasche und konnten etwas zum Essen kaufen. Und weiter von Deutschland träumen.

Blessing und Bertrand sollten nun einen Bus zur Stadt nehmen, wo sie Züge nach Deutschland finden konnten. Die Busfahrer wollten nur Frauen und Kinder nehmen, worunter auch rassistisch diskriminiert wurde. Nur Weiße durften in den Bus. Die Botschafterin von der Republik Südafrika in

Polen kam zu den Afrikanerinnen und Afrikanern und ließ sie in einem Zelt von der Roten Kreuz unterbringen. Blessing und Bertrand waren mit dieser Unterbringungsweise überhaupt nicht zufrieden und wollten nur weg. Noch nie hatten sie eine solche Diskriminierung erlebt, mit der alle, sogar die Botschafterin einverstanden zu sein schienen. Ein Journalist kam zu ihnen und Bertrand erklärte sich für ein Interview bereit, aber es ging ihm nur darum, seine Wut zum Ausdruck zu bringen. Als der Journalist ihn fragte, wie er denn von der Ukraine nach Polen gekommen sei, erzählte er eher, wie die Schwarzen von Afrika nach Amerika von den Europäern im 15. Jahrhundert verkauft wurden, wie die Europäer später im zwanzigsten Jahrhundert die Afrikaner:innen kolonisierten und sie misshandelten, und wie die Schwarzafrikaner:innen heute im einundzwanzigsten Jahrhundert noch weiter rassistisch beleidigt werden. „Man muss uns auch respektieren! Das ist alles, was ich sagen wollte!“, schloss er und ging weg. Der Journalist schien enttäuscht zu sein, sagte Bertrand, es tue ihm leid, aber er könne nicht helfen. Trotzdem wies er ihn darauf hin, dass es einen schwarzen Busfahrer gab, der sie morgens fahren konnte. Warum nur ein schwarzer Busfahrer? Fragte ihn Blessing auch genervt. Sie bekamen keine Antwort und der Journalist ging weg und suchte aber weiter nach anderen Personen, die er interviewen konnte. Die Nacht verbrachten also Blessing und Bertrand im Zelt. Frühmorgens kam ein anderer Journalist und fragte, ob jemand ukrainisch sprechen konnte. Bertrand meldete sich wieder, fragte aber nur, ob er in sein Auto konnte. Vor Kameras musste er akzeptieren und statt des Interviews fuhr er Blessing und Bertrand bis zu einem Ort, wo sie die Hauptstadt von Polen leicht erreichen konnten. Nach einer Halbstunde zu Fuß waren die beiden bei den Zügen. Bertrand rief seine Schwester an und nahm den Zug nach Berlin. Blessing rief Richter an und nahm den Zug nach Frankfurt.

Mit schlagendem Herzen stand Richter eine Stunde vor der Ankunft Blessings am Hauptbahnhof Frankfurt. Obwohl er genau wusste, mit welchem Zug sie ankommen sollte, näherte er sich jedem neu ankommenden Zug und suchte nach Schwarzen

Mädchen. Als Blessing schließlich kam, wusste Richter nicht mehr, was er tun sollte. Nur ein kleiner Kuss. Und ein Lächeln. Und es herrschte Frieden in seinem Herzen. Blessing schien auch neugeboren zu sein. Als sie in Richters Studentenwohnung ankamen, erzählte Blessing noch von ihrer abenteuerlichen Flucht von der Ukraine nach Deutschland. Sie weinte dabei und stellte Vergleiche zwischen der Kriegssituation im Nordwesten Kameruns und dem ukrainisch-russischen Krieg an. Für sie bedeutete das alle nur, dass die Politik die Welt kaputt gemacht hat. Sie konnte den Sinn solcher Kriege nicht verstehen. Warum sollte es Krieg statt Liebe in der Welt geben? fragte sie sich. Sie bedankte sich schließlich bei Richter für seine Liebe, die eine Brücke zwischen den Anglophonen und den Frankophonen schlagen sollte und wies auch auf die Liebe zwischen Richters Mutter und Richters Vater hin, die auch zur Annäherung zwischen Kamerun und Deutschland geführt hatte. Richter gab der weinenden Blessing sofort den Verlobungsring und sagte: „Our next step is our wedding. Let love reign!"

Richter, Sohn eines Kameruners und einer Deutschen, lebt in Yaoundé mit seinem Vater, der dort einen besseren Job nach seinem Deutschlandstudium gefunden hat. Wegen mangelhafter Betreuung hat es der Junge in der Schule so schwer, dass der Vater keinen Rat mehr weiß. Das Dorfgymnasium bietet sich als Alternative. Nach langem Zögern ist Richter schließlich gespannt auf das neue Erlebnis. Wie es in der dortigen Schule aussieht, ob das heutige Dorfleben anders als das damalige ist, wovon Dorfjugendliche träumen, warum Handys in der Schule verboten sind und warum junge Leute nicht lieben dürfen, kriegt man u.a in diesem Buch zu lesen.

Dieser Roman ist die Fortsetzung von „Richter im Dorfgymnasium“, erschienen 2014 im Rediroma Verlag.

Richter hat das Abitur geschafft und muss nun das Dorf verlassen. Er kehrt ins Zentrum zurück und bespricht seine Zukunftspläne mit seinen Eltern. In dieser Zukunft soll seine aus dem Nordwesten stammende Liebe Blessing eine wichtige Rolle spielen. Wie findet er sie wieder? Lohnt sich eine Reise nach einem Ort, wo Unsicherheit herrscht? Nach kurzem Überlegen unternimmt Richter eine abenteuerliche Reise nach dem Nordwesten und begegnet unter seltsamen Bedingungen eher dem Vater Blessings. Beide reisen nach dem Zentrum zurück, wo Blessing vor Kurzem geflüchtet ist. Nun ist der Ball im Zentrum für alle. Während Blessing wieder zur Schule geht, besucht Richter Deutschkurse. Bald taucht aber Corona auf und wirkt sich auf besonderer Weise auf seinen Zug nach dem Norden aus. Nach dem Abitur schafft es auch Blessing nach Deutschland, aber über die Ukraine, wo sie den Ausbruch einer anderen Krise erlebt.

Ende